职业化校长
36法则

刘春晖◎著

电子工业出版社·
Publishing House of Electronics Industry
北京·BEIJING

前言

2020 年对于每一位教育工作者来说都是极不平凡的一年，一个"极"字既道出艰难险阻之不易，也饱含非凡成就之难得。沧海横流，方显英雄本色。在新冠肺炎疫情的影响下，教育的生态和形态也相应地发生了改变。2020 年虽然充满磨难，但万千教育工作者面对艰难险阻，依然坚定航向，从"停课不停学""在线教育""OMO 模式"到"全面复工复课"，毅然乘着"中国教育号"巨轮破浪前行。

2021 年，虽然随着线下授课的逐步恢复，教育工作者获得了短暂的喘息机会，但是教育机构频频"爆雷"，行业乱象频发。对此，国家的监管政策逐步收紧。2021 年 3 月，"双减"（减轻义务教育阶段学生课业负担和校外培训负担）新政引起热议，教育部进一步加强对校外培训机构的治理力度，教育机构在发展过程中将面临更多的不可控因素。

面对发生的变化，我们刻不容缓地采取措施，调整策略，很多校长朋友也在第一时间找到我，希望同我一起探讨可以让学校长久发展的良策。

01

　　在线教育的发展导致市场竞争加剧，招生成本不断攀升，教学新模式难以迅速适应这种变化，停课与退费风险加大，家长的要求越来越高，政府监管越来越严格……教育机构正面临各种各样的挑战，很多校长朋友都陷入了焦虑之中。

　　面对行业的新变化和市场竞争的加剧，以及学校在经营过程中接踵而至的难题，我们只需要明确一个思路：有挑战，才会有机遇。

　　如何在困难重重的环境中谋求发展，如何保证教育机构的可持续化经营，如何在激烈的竞争中拔得头筹，成为当下我们必须认真思考的重点内容。

02

　　一年多来，我收到了非常多校长朋友的私信：面对严管下的市场，如何满足用户需求，有没有更多的落地方法供大家学习？

未来充满变数，充满竞争，新形势既对教育机构提出了更高的要求，也考验着校长的能力。我深知，各位校长对以下问题充满困惑：如何进一步提高学生成绩，如何提高品牌知名度，如何受到更多学生和家长的青睐，如何让教育机构转型升级……

为了更好地帮助大家，我结合校长朋友的所有顾虑和困惑，在不断的艰辛探索与经验积累中，总结出了适应当下新形势的实用落地方法，也就是职业化校长需要掌握的 36 法则。

若想在困难之中活下去，教育机构转型迫在眉睫，各位校长要学会利用这 36 法则，在转型过程中稳扎稳打，更好地经营学校，让学校获得更长久的发展。

03

中国朗培教育集团（朗培）自创立以来，一直以实现"中国梦、教育梦"为己任，持续深耕于中国教育产业。

这本书，正是我为万千抱有教育情怀的校长提供的力所能及的帮助。我从战略决策、团队建设、招生策划、领导力、人才管理、制度绩效管理、业绩营销及口碑服务等方面进行了全面剖析，每一条法则都是学校的"生死线"，致力于解答学校全方位运营发展过程中出现的难题，希望联合广大教育工作者共同促进教培行业的良性发展。

只有这样，我们才能将最正确的教育奉献给最可爱的孩子，为早日实现中华民族伟大复兴贡献一份力量。

我们坚信：教育，始终是值得为之奋斗一生的事业！

目录 /

第一章

沉没成本

如何留住员工三年以上？

本书的第一章，我们来说说沉没成本，以及校长如何利用其留住员工三年以上。什么是沉没成本呢？人们在决定做一件事情的时候，不仅要看这件事情对自己有什么好处，还应该看自己是否已经在这件事情上有过很多投入。我们把这些已经发生的、不可回收的投入，如时间、金钱、精力等，称为沉没成本。

沉没成本是一种历史成本，对现有的决策而言是不可控的成本，会在很大程度上影响人们的行为方式与决策。

你是不是遇到过下面的情景：在公交车站等公交车超过半个小时，车依然没有来。这时你可以转头去乘地铁，但大部分人会想"如果我现在走了，那之前半个多小时不就白等了"。在电影院看电影，看了二十多分钟，你发现这部电影自己不喜欢。你本来可以离开电影院去做更有意义的事情，但是一想到自己买票花的钱，只好选择无奈地看完一整场电影。

人们在决定做一件事情的时候，不仅会看这件事情能够为自己带来什么，往往还会沉溺于过去已经投入但无法回收的成本中，导致做出很多不理性的选择。在日常生活中，人们的很多决策都会受到沉没成本的影响。感情和工作也是一样的，如果想要留住一个人，就要想方设法让他在你的身上多花时间和精力，因为他为你做的事情越多，他就越舍不得离开你。在一段关系中投入了大量的感情和时间之后，我们再去破坏它就会变得很难。例如，两个相交十年的好友，彼此之间已经没有什么共同话题了。但由于在这段关系中，他们投入了很多年的感情，如果现在要断绝关系，则会非常困难。同样地，员工在工作中投入了大量的时间、情感等，他要想离开现在的工作单位，也要下很大的决心。婚姻中经常有人说："都老夫老妻了，还离什么婚呢？"背后的潜台词就是两个人在多年的婚姻中，已经付出了大量的感情、时间、金钱等，如果现在离婚，那么以前那些投入就都白费了。

如何在学校里运用沉没成本

校长有没有遇到过员工裸辞的现象？裸辞的背后就是员工辞职的沉没成本较少。员工决定裸辞，说明其在单位里付出的时间、精力等不多，可以潇洒地离开。所以让员工下定决心离职的原因不是离职对他有多大的好处，而是离职对他没有造成太多损失。

下面讲讲如何通过薪酬，增加市场岗位员工的离职沉没成本。

1. 市场岗位的提成

市场岗位的提成可设定如下：业绩达标 80%，提取 4%；业绩达标 100%，提取 5%；业绩达标 120% 及以上，提取 6%。另外，每月个人招生产生的课消总量提取 4%（离职没消耗的不再计发）。

也就是说，一个员工工作的时间越久，拿到的提成就越多，就越舍不得离开。当员工在前两三个月辞职时，相当于只拿了 5 个点和一小部分学生的 4% 的提成，剩下大量的提成没办法拿走，这就给员工增加了离职的沉没成本。同时，员工在学校里干得越久，辞职的沉没成本就越高。

2. 教学老师的工资

假设教学老师原来的工资是 3000 元，现在可以设计为：

3000（固定底薪）+1000（梦想工资）=4000（元）

第二年 5 月 1 日集中发放梦想工资：1000×12×50%=6000（元）

第三年 5 月 1 日再集中发放梦想工资：1000×12×50%=6000（元）

签署第二个三年合同当日再集中发放梦想工资：（6000+6000）+1000×12×50%=18000（元）

这样做的好处有两点，第一，让员工知道自己拿到的工资会越来越多，更有利于招聘；第二，增加了员工离职的沉没成本。工资是 4000 元，但员工在梦想工资未发放前选择辞职，就会损失一大笔收入，这就是在增加员工离职的沉没成本。总之，学校手里永远握有 50% 的梦想工资，其是员工离职的沉没成本，同时也为员工增加了收入。增加收入的前提是员工愿意为学校连续工作，签署第二个三年合同的员工会更稳定。

这里介绍一个落地模板，即梦想坚持奖金。

梦想坚持奖金旨在感谢和激励那些即使面对困难和挑战，也不放弃梦想和伙伴的员工。有梦想是幸运的，能用汗水和双手去实现梦想是幸福的，我们都在通往幸福的路上。

（1）校区各岗位，只要签署三年期劳动合同的员工，均能获得此奖金。

（2）奖金发放标准为年度最低工资标准的 20%。如 2000 × 12=24000（元），取 20%，即 4800 元。

（3）奖金发放规则如下：

1）合同每满一年，发放一次，且发放梦想坚持奖金的50%。

2）剩余的 50%，待合同三年期满且续签后，按 50%、30%、20% 的比例逐年发放。

3）下一个劳动合同周期内，每满一年仍享受此奖金，方案同上。

4）员工离职则此奖金作废，所有未发放金额全部作废。

最后，来做一个总结。

运用沉没成本，将工资分为两部分，以增加员工的离职成本。对于教学老师来说，工资分为固定底薪和梦想工资，等到每一年的 5 月 1 日集中发放梦想工资，这样永远有一部分梦想工资握在学校手里，教学老师的离职成本便会增加。

第二章

御林军法则

打造招生团队之秘诀。

对于校长而言，御林军的职责并不是保护校长的人身安全，而是确保学校可以正常运营，不会被竞争对手打垮，防止被离职员工反戈。

御林军就是与校长生死不离的市场团队

御林军是指招生市场团队。御林军的设置要根据学校的不同阶段、组织及类别来确定。学校在初创期，大量的老师需要进行培训和培养，但是却没有市场团队。学校装修完，老师入校之后，校长就会发现学校只有老师，没有办法打开销路，没有更多的生源。于是，校长会让老师配合招生，但是老师的重点是授课，让其招生，属于人岗不匹配。老师怨声载道，不愿意招生，招生情况不好，老师也就没有学生带，导致老师纷纷离职。老师变少了，生源依旧不多，进入了恶性循环。校长要牢记，初创期的学校应该是进攻型组织，也就是说市场团队人员要多，老师要少。学校要做到把学生招来了才去授课，比例应该是市场团队人员占 60%，教学老师占 40%。

学校的学生逐渐增加，学校就进入了发展期。在发展期，学校的发展更加平稳，市场团队人员与教学老师的占比由 6∶4 变为 4∶4，剩下的两成是后勤人员。

之后，学校会逐渐步入扩张期。换句话说，校长在这个时期要把学校从一个变为两个、两个变为四个、四个变为八个。在这个时期，学校的发展应该体现高效的团队执行力。学校要有固定的教学流程、招生流程、谈单流程、服务流程、后勤流程、报名流程。各项流程要进行复制，一个校区复制两个，两个校区复制四个，四个校区复制八个。

当再开设新校区时，就又进入了新校区的初创期，这个时候就又恢复到市场团队人员占 60%、教学老师占 40%。当学校扩张到一定规模时，就可以停止扩张，开始教学研究。教学研究是让自己学校的课程不断和其他学校的课程产生差异，从而拥有教学的竞争壁垒。接着，学校就进入了成熟期，变为防御型组织，这个时候市场团队人员占 20%，教学老师占 40%，后勤人员占 40%。

大型机构往往都有一个大后台，例如，在新东方的教职工中，教学老师只占 40%，其余的都是后勤人员。不管在初创期、发展期，还是在扩张期，市场团队人员至少要占 40%。校长通常会担心，自己花时间培养出优秀的老师后，老师会辞职自己创办学校，因为他们懂教学、懂服务、懂招生、懂运营。如果学校的超强御林军只负责招生，教学老师只负责续费、转介绍和授课，销售和运营分离，那么教学老师就不会轻易辞职去自己开办学校。所以，要打造一个和校长"生死不离"的市场团队。

如何在校区运营中运用御林军法则

在校区运营中运用御林军法则要从如下方面入手。

第一，市场团队的招聘。市场团队的销售人员难以从人才市场和网络招聘中招聘到。很多能力强的销售人员不会给学校投简历。在日常生活中，校长如果接到了自认为能力较弱的求职者打来的电话，需要多一些耐心，多一份热情，他们便会记住这个有温度的"客户"。校长可以加求职者为微信好友，然后把他的微信名备注成某某学校营销高手 001 号，他就是进入市场团队的第一人选。校长可以每天和他聊聊家常，总之，需要和他建立足够的联系。此后，校长可以询问他愿不愿意来做学校的老师，愿不愿意在教育行业工作。如果他能加入学校，他就可能成为和校长"生死不离"的御林军中的一员。在马路上收到宣传资料的时候，校长不要把它扔掉，可以加发传单者为微信好友，把他备注为某某学校营销高手 002 号，跟他聊聊天，说说工作，问问他发传单的感受，也可以问问他有没有遇到客户不理解的情况。校长如果做了这些事，再告诉他有一个更好的工作机会，他一定会选择来到你的学校。所以市场团队的销售人员是从市场中招聘来的，不是从人才市场和网络招聘中招到的。

　　第二，市场团队的激励策略。市场团队除了招聘，还要制订强有力的激励策略。重赏之下必有勇夫，这种激励方法叫作强激励。有些人提出，要给销售人员低底薪、高提成。要想让销售人员和校长"生死不离"，销售人员的工资应略高于教学岗的员工，要让他们拥有荣耀感。例如，教学老师的底薪是 2000 元，销售人员的底薪应该是 2500 元，再加上超高的提成，他们能更好地做业绩。如果教学老师的底薪是 2000 元，销售人员的底薪是 1000 元，就很少有人愿意做营销工作了。

　　谈到提成，校长可以利用一种全新的方法发放提成，即金银铜制。例如，学校规定，如果销售人员当月的销售额低于 50000 元，则下个月就是铜牌员工；如果销售额为 50000～80000 元，则下个月就是银牌员工；如果销售额达到 80000 元以上，则下个月就是金牌员工。铜牌员工下个月享受的提成是 6%，银牌员工享受 9%，金牌员工享受 12%，下个月的业绩再次决定之后一个月的等级。如果销售人员觉得自己拿 6% 的提成比较低，那么很可能就会消极工作，业绩做不起来，拿到的提成一直很低，他就会被慢慢淘汰。要想让收入增加，销售人员就必须把自己下个月的业绩做高，然后就可以拿到 12% 的提成。在拿到 12% 的提成后，销售人员会想着一定要把业绩做得更高，多获得提成，所以就会更加努力。业绩高，提成多，自然就能够留下来，这种人才能够真正成为御林军。校长也可以把沉没成本融入进来。销售人员除了每个月有固定的 6%、9%、12% 的提成，招来新生也可以获得相应的奖励，增加他离职的沉没成本。

第三，执行"中央制"，市场团队的中央是校长。御林军大多在"元首"身边，不会被派到偏远地区。换句话说，市场团队不应该设在分校，应该设在学校总部，由校长管理。市场团队要离校长较近，便于学习招生流程、邀约流程、谈判流程，而且这样也便于学校文化的传承、团队 PK 精神的传承和正能量的传递等。因此，校长开设的新分校不应和学校总部距离太远，这样能集中进行招生宣传，比较方便。市场团队集中在学校总部，招生的时候再分别前往各个分校，其余时间统一在学校总部工作。

第三章

坎特法则

给员工"生死不离"的身份。

坎特法则是现代管理学中的一个经典定律，它的提出者是哈佛商学院首席管理教授罗莎贝斯·莫斯·坎特。坎特法则的核心是，尊重员工是人性化管理的必然要求，是回报率最高的感情投资。尊重员工是领导者应该具备的职业素养，也是获得员工尊重的一个重要途径。

领导力对校长来说非常重要，因为领导力就是学校的核心。例如，一堂课老师讲得再好，会有学生考第一名，也会有学生考倒数第一名，对于学校也是一样，这考验的就是校长的领导力。领导力来自员工的尊重和崇拜。如果员工不认可校长，对校长缺少尊重和崇拜，校长即便有很好的管理方法，在落地的时候也可能会徒劳无功。

要想得到员工的尊重，校长必须先学会尊重员工。换句话说，尊重员工就是获得领导力的途径，也是学校运营的生死法则。尊重员工不是体现在心里，更不是体现在嘴上，而是体现在具体行动之中。尊重并不是与其称兄道弟，更不是对其低声下气。在职场中，很多员工犯的最大的错误就是在公司里希望领导能像对待家人一样对待自己。尊重员工，就是要让每个员工都能够被"看见"。

第一，给员工加上头衔，给予员工认同感。例如，学校可以称每个月的续费冠军、亚军、季军为明星员工，称在学校工作三年的老员工为功勋员工，称金牌老师和金牌教务为首席员工，称列入学校股权激励名单的员工为明日老板，称已经获得股权激励的员工为今日掌柜等。明星员工、功勋员工、首席员工、明日老板、今日掌柜，这些头衔能够让员工产生认同感。

第二，记住员工的入职时间。在朗培工作满一年的员工，会佩戴铜质的司徽；工作满两年的员工，会佩戴纯银打造的司徽；工作满三年的员工，会佩戴纯金打造的司徽。公司记住员工的入职时间，可以让员工感到温馨。阿里巴巴会按照酒的年份对员工的入职年限进行分级。工作满一年的员工被称为"一年香"，工作满三年的员工被称为"三年醇"，工作满五年的员工被称为"五年陈"。按照工龄，阿里巴巴的员工会获得相应的纪念品。工作满一年的员工会获得一个纪念徽章，工作满三年的员工会获得一个纪念白玉吊坠，工作满五年的员工会获得由马云为他们亲自颁发的一枚白金戒指。所以，校长要反思自己的学校为入职时间不同的员工给予了哪些奖励。

第三，给员工拍摄形象照，制作易拉宝。每个员工都梦想着穿上漂亮的职业装，去拍一张意气风发的形象照。把形象照做成易拉宝，让员工有明星般的感觉。把明星员工、功勋员工这样的称号及拥有该称号的员工姓名展示在易拉宝上，将易拉宝摆在前台或学生、家长每天都能够看到的显眼位置。再结合入职时间，带着员工去拍摄全新的形象照，作为奖励。员工可以在朋友圈里转发带有自己形象照的易拉宝，获得荣誉感、成就感和归属感。

学校还可以落地孝心机制，每个月让每个员工出 100 元，学校也出 100 元，在年底的时候，以学校和员工的名义，把这笔钱作为孝敬员工父母的经费，打进员工父母的银行卡里，员工的父母收到这笔钱会很开心。这可以让员工的父母知道，自己的孩子在外面过得很好、很幸福，在单位受到了领导的重视。

由此，员工会更加尊重、认同校长，会一直追随校长。学校可以设立家园基金。员工每人每天出 1 元，当员工的直系亲属生病时，这笔钱就可以派上用场。以朗培为例，一千多个员工，每人每天出 1 元，一个月就有 3 万多元，一年累计约 36 万元。如果员工的直系亲属生了重病急需用钱，这笔钱可以解燃眉之急。再如，在母亲节，学校可以悄悄为员工的母亲充 100 元话费。这些都是学校可以落地和执行的内容，可以让员工感到温暖，让他们有被尊重的感觉。校长可以根据实际情况进行落地。

校长尊重员工，员工才会尊重校长。只有员工崇拜校长，校长才有领导力，才能够真正让管理方法在学校落地。校长对待员工、对待团队，要少一些套路，多一些真心。

第四章

彼得原理

如何让员工实现晋升？

彼得原理、墨菲法则、帕金森定理，并称为 20 世纪西方文化中杰出的三大发现。彼得原理指出，每一个员工由于在原岗位上工作表现很好，能够胜任当下的工作，必然会被领导提拔到更高一级的岗位。其后，如果他继续胜任，则将进一步被提拔，直到他无法胜任当下的工作为止。由此得出，每一个岗位最终都将被一个不能胜任其工作的员工所占据。

在学校里，一个老师教学质量好、续费好，极有可能被校长推向教学主管的岗位。但实际上，他很可能无法胜任教学主管。当然，他也可能胜任该岗位，上任之后他还会被继续往上推。例如，把他推上了教学总监，甚至执行校长、教学副总，直到他无法胜任当下的岗位为止。到最后我们会发现，学校的每一个岗位都是由无法胜任该岗位的人在任职，这种现象在生活中无处不在。例如，一名称职的教授有可能被提拔为大学校长，但是被提拔为大学校长之后却无法胜任。一个优秀的运动员有可能被提拔为主管体育的领导，但却碌碌无为。

市场人员把招生工作做得很好，校长就让他做市场主管或市场总监；老师教学水平很高，校长就让他做教学主管、教学总监、执行校长。但是到最后，校长会发现这些人的能力根本无法满足管理层的需求，学校的工作变得一团糟。从理论上来说，校长要想解决该问题，有一种比较极端的方法，即让所有员工在现有岗位上下降一级，可是很难实现。

出现彼得现象的三个原因

第一，校长经常根据员工的贡献决定该员工是否应该晋升。例如，员工续费做得好或者转介绍做得好，校长就让他做教学主管或教学总监。员工招生情况很好，校长就让他做市场总监或市场主管。可是老师教得好，不一定能做教学主管。员工在校长身边做助理做得好，也不一定能做一家分校的执行校长。根据贡献决定员工是否应该晋升，到最后，员工的能力和岗位无法匹配，于是彼得现象就出现了。

第二，校长和员工都有一个错误的认知：升职只等于加薪。很多人经常会把升职加薪放在嘴边，认为加薪只有升职这一条路，其实这是错误的，升职加的不仅仅是薪水，加的更是责任。

第三，晋升的胜任力模型不明确。校长认为老师教学水平高就应该做教学主管，其实要想做教学主管，需要有相应的胜任力模型。例如，要会组织教研活动，能够带领老师集体备课，能够把一个"小白"老师快速地培养为优秀老师，能够处理家长提出的问题，能够做课堂调控的培训，能够带老师进行职业规划。如果他不具备这些能力，只是因为工作业绩突出就被提拔为教学主管，这是极其危险的。

用三个方法杜绝彼得现象

第一个方法，让员工真正感受到加薪。例如，老师刚来学校的时候担任实习老师，两个月之后转正成为初级老师，工作半年以后，通过考评就可以成为中级老师，再隔一年之后，通过考评就能成为高级老师，再往上就是明星员工、王牌员工、功勋员工。每晋升一次，收入都会相应地增加，但是他依然是老师，而不是教学主管。在他的管理能力在不断晋升的过程中得到验证后，再让他担任教学主管。校长要记住，从实习老师到功勋员工，每一次加薪，涨幅要控制在 12%左右，但不能低于 12%。例如，实习老师的工资是 2000 元，初级老师的工资就要在 2000 元的基础上增加 12%，即增加 240 元，因为增加 12%以上，员工才能真正感受到。商场里经常会有打折活动，如打九八折、九五折、九二折，消费者感觉打折力度不大。但如果打八八折，消费者就会觉得打折力度大，因为打八八折，刚好优惠了 12%。所以，员工工资的涨幅也应该超过 12%，加薪幅度越大，员工的感觉越强烈。

第二个方法，员工晋升，责任也要增加，不仅仅是增加工资。升职不等于只加薪，升职意味着责任也会增加。例如，普通老师通过考核，晋升为教学主管。校长想为他涨 1000 元的工资，这 1000 元并不直接加入到他原来的工资中，而是要把这 1000 元分解成职责，要让员工明白，晋升带来的加薪使责任更重了。具体来说，当老师晋升为教学主管时，收入增加了 1000 元，意味着胜任力方面的要求提高了。原来做老师，个人续费率只要达到学校的平均水平即可，但是现在做教学主管，个人续费率就必须保持在前三名，因为只有做到了这一点，才会让其他老师信服。如果教学主管做到了这一点，那么学校还会给予他 300 元的奖金。如果没做到，那么就没有这 300 元的奖金。除此之外，教学主管每学期至少要培养两名续费合格的老师，要尽到为学校培养人才的责任。成功培养一名老师，奖励教学主管 200 元；成功培养两名老师，奖励教学主管 400 元。最后，教学主管所带的教学团队，每学期续费率平均要达到 85% 及以上。要明确教学主管涨薪背后的职责，如果没有明确职责，在学校中就很可能出现彼得现象。

第三个方法，注重胜任力模型的建立。让员工在应聘、面试、提拔时，都能够清晰地明白学校怎样对员工进行考核。如果员工不能胜任这个岗位，学校却把他提拔上去，就会出现彼得现象。所以，学校应该建立教学老师、教学主管、市场老师、执行校长等的胜任力模型。

第五章

凡勃伦效应

定价的设计法则。

凡勃伦效应是指，消费者对一种商品需求的程度因其标价较高而不是较低而增加。它反映了人们进行挥霍性消费的心理愿望。商品价格定得越高，越能受到消费者的青睐。商品价格越高，消费者反而越愿意购买的消费倾向，最早由美国经济学家凡勃伦注意到，因此被命名为"凡勃伦效应"。

以口红为例，一支非品牌的口红标价 60 元，一支品牌口红标价 160 元，在消费者的消费水平可以承担的情况下，大多数消费者都会选择标价 160 元的品牌口红，因为他们认为自己承担得起较贵的口红，担心便宜的口红会有质量问题。再如，一种非品牌面膜标价 45 元一盒，一种品牌面膜标价 180 元一盒，消费者愿意选择 45 元的面膜还是 180 元的面膜呢？答案不言而喻。凡勃伦效应体现出，在消费者心中，价格=价值=品质。

需要明确的是，价格和销量之间并不存在直接关系。60 元的口红不一定比 160 元的口红卖得好，45 元的面膜的销量也不一定能够超越 180 元的面膜销量。那么，校长应该如何运用凡勃伦效应去经营校区呢？最直接的应用就是校区的课程定价策略。

定价原则一：价格锚点

价格锚点就是通过一个高价格的"炮灰"商品，让消费者明白自己实际想购买的商品的性价比更高。

以星巴克为例，其橱柜里售卖的依云矿泉水，标价 22 元。虽然依云矿泉水比普通的矿泉水贵，但消费者依旧可以通过网络渠道买到均价 5 元的依云矿泉水，那星巴克为什么要标价 22 元呢？因为星巴克并不想通过 22 元的依云矿泉水来提升营业额，依云矿泉水起到价格锚点的作用。当你看到一瓶矿泉水都卖 22 元的时候，你就会认为 28 元的中杯咖啡、32 元的大杯咖啡没那么贵了。

再如华为，其有一款手机——保时捷联名手机，标价 12999 元。华为其实并不想依靠 12999 元的手机增加销量，获得利润。在 12999 元保时捷联名手机的购买页面，华为的其他几款标价 3299 元、4999 元的手机购买链接非常明显，12999 元就是为消费者设置的价格锚点。

对于校区来说，学校的"炮灰"产品是什么？产品的价格锚点又是什么？家长总是觉得学校的课程贵，其实只是因为他们不知道其他学校的课程更贵。

举个例子，一个做文化课的学校，推出了一个新课程，标价 12800 元/学期。学校会指望用这个课程增加收入吗？并不会，学校只是为了让 1800 元/学期的作文课、英语课、数学课显得性价比更高。再如，一个学校把教师上课的实际情况录制成视频，将其制作成校区优秀教师的授课光盘，标价 18800 元/套。大家都知道，录制视频、刻光盘的成本很低，学校为什么要卖这么贵呢？就是为了让家长觉得校区的教师是非常优秀的，因为教师的课程光盘标价为 18800 元/套。这样一对比，线下授课一学期，只需 1000 元，家长就会觉得非常划算。

类似的做法还有很多，例如，名师一对一课程，定价 200 元/小时，先把它调到 400 元/小时，然后进行营销包装：如果家长给孩子报 30 人的学习班，则只需要 80 元/小时。另外，再推出一个报 30 人的学习班、送一对一课程的活动，家长就会觉得十分划算。因为一对一课程原本是 400 元/小时，现在只要给孩子报 30 人的学习班，直接赠送一对一课程。当然，赠送也是有条件的，如每个月只送一次、一次只赠送 40 分钟或 1 小时等。通过一系列的价格锚点，突出主推课程的性价比，以此促成家长买单。

定价原则二：定的是价值而不是价格

我们先来看一个案例：一家早教机构的日托班收费标准是 8800 元/月，不提供午餐和晚餐，这个价格可以说是非常高了，可是这家早教机构的日托班却十分火爆。为什么呢？以玩具摆放为例，这家早教机构的日托班教室里玩具非常多，玩具凌乱地散落在地上。按理说，看到这样的环境，很多家长都会不满意。学校的销售人员是这样解释的：道具散落在地上，这正好证明了孩子在学校里十分好动，有所成长。如果所有的玩具和书籍摆放得整整齐齐，这很可能不是真实的场景。在销售人员把这样的理念植入家长心中后，家长来到第二家早教机构，收费为 5800 元/月，教室十分整齐。家长想起了第一家早教机构的销售人员告诉他的话，还是觉得让孩子自由自在地玩耍比较好，于是，家长又回到了第一家早教机构，咬咬牙把钱交了。这个定价策略其实就是要求校区进行产品包装。

农夫山泉的广告语是：农夫山泉有点甜。但农夫山泉不一定真的甜。再如"白加黑"的广告语：感冒了吃白加黑，白天吃白片不瞌睡，晚上吃黑片睡得香。为什么白天吃了白片不打瞌睡？因为在"白加黑"的白片中，并未加入会让人犯困的第一代抗过敏药。所以，白天吃白片不瞌睡。为什么晚上吃黑片睡得香？因为黑片含适量的盐酸苯海拉明，有助于睡眠。

所以说，定价定的是价值而不是价格。当然，无论怎么做产品包装，产品还是要有真材实料的。在职业化校长成长训练营计划里有一个三维立体目标，就是要求校区管理者把一个技能目标转化成技能目标、德育目标和思维目标，从而提升课程价值。一家舞蹈机构的三维目标设置如下：

1. 技能目标

A 基础部分：地面大踢腿（通过训练，增强腿部爆发力，延伸感得到有效提高）。

B 舞蹈部分：手眼组合（学期初，通过手眼组合，增强孩子的手眼协调性）。

2. 德育目标

通过反复进行腿部韧带的拉伸和手眼之间的配合，培养孩子的毅力，让孩子将其运用到生活和学习中。

3. 思维目标

通过课堂之中动人的音乐、优美的舞姿，提高孩子欣赏美和创造美的思维能力，并让孩子拥有美好的、积极向上的心态。

技能目标对于一个不懂舞蹈的孩子的父亲来说，可能并没有吸引力，他不会觉得这个课有太高的价值。但是当他了解到通过舞蹈课能实现德育目标的时候，就会觉得自己的孩子通过学习舞蹈，能够增强毅力，保持积极心态，创造力和思维力也能得到提升，因此也就会为自己的孩子报名。

定价原则三：用价格和竞争对手进行区隔

我们先来思考一个问题。小米手机降价会影响苹果手机的销量吗？LV 手提包降价会影响平价手提包的销量吗？

答案是：不会。为什么？因为它们针对的人群不同。小米手机和苹果手机的目标消费群体不同，因此用价格进行了区隔。LV 手提包和平价手提包的目标消费群体也不同，因此也用价格进行了区隔。

所以，要想让自己校区的产品和别的校区不同，最简单的做法就是用价格进行区隔，要么比竞争对手低很多，要么比竞争对手高很多。价格低，锁定的就是普通客户；价格高，锁定的就是高端客户。

第六章

羊群效应

饥饿营销的本质及跟风报名。

羊群效应常被用来描述经济个体的跟风心理，指的是一个人的观念和行为会受到其他人行为的影响，从而做出一致行为的现象。简单来说，就是跟着领头羊，不假思索地行动。

这样的现象在生活中比比皆是。一个人鼻子流血了，一直仰着头望向天空，周围的人不知道天空中有什么，会跟风做这个动作。当第二个人、第三个人抬头望向天空的时候，就会有越来越多的人重复这个动作。例如排队，只要前面有人在主动排队，后面来的人也会不约而同地依次往后排队。当有 1 个人开始插队时，整个队伍都会被打乱。例如网购，在网购时，很多人喜欢选择销量从高到低的排序。消费者认为，销量越高，质量越被认可，自己就不会上当受骗，所以很多人会跟风购买，购买的人越来越多。

那么校区又应当如何利用羊群效应进行营销呢？

策略一：家长若要求打折，必须进行朋友圈分享

很多校长都遇到过这样的事情，家长给孩子报名 1280 元的课程，会要求打折或降价。遇到这样的问题，应该怎么解决？解决方案无非两种，一种是坚决不打折，另一种就是实在拗不过家长，最后打了折或降了价。很多校区都是这样做的：销售顾问表示要去跟领导申请一下，然后出去上个厕所，回来后告诉家长，已经商量好了，可以打折，

但其实销售顾问根本没有跟领导申请。在家长的要求下可以打折，这似乎已经是一个不成文的规定了。

现在，我们不妨换一种思维：可以借由家长实现快速裂变，吸引更多的家长前来报名。当家长要求打折的时候，销售顾问可以说："可以优惠，但是需要您把我们的活动海报发到朋友圈。只要您把活动海报发到朋友圈，我们就可以给您打九折，或者给您降价。"在家长把海报转发到朋友圈以后，销售顾问就可以大大方方地给家长打折或降价了。其实，学校并不指望通过让家长转发活动海报来招学生，只是为了让更多的人知道有人在自己的学校报名了，后期容易形成羊群效应。通过这样的方式，学校的打折方式变得更有价值了。有多少家长获得了优惠，就有多少家长在朋友圈里帮学校进行了宣传。

策略二：利用羊群效应，在微信群进行营销

很多学校都做过非常多的线上、线下活动，收集了很多家长的电话号码。但是现在毕竟不是电话销售的时代了，那该如何让电话号码发挥相应的价值呢？

校区的销售顾问可以先利用软件，把电话号码导入 QQ 助手，再用 QQ 助手同步到手机通讯录，然后打开微信的通讯录，以便快速添加家长的微信好友。之后，学校就可以建微信群了。在群里，能够轻

松形成羊群效应。例如，在群里讲家庭教育微课，在课程结束后告诉家长：大家可以参加接龙，领取小礼品。小礼品可以与校区主营课程相关，不需要太贵，去批发市场大批量采购就可以了。当微信群里有一两个家长开始接龙时，其他家长就会纷纷跟风，形成羊群效应。这就是利用羊群效应，在微信群进行营销。

策略三：先收取主动续费及被转介绍的家长 50% 的定金

家长续费，学校的老师一定很开心，会想着赶紧收取续费家长的全额学费，然后全额收取被转介绍来的家长的学费。现在，不妨试着把节奏慢下来。

学校可以先收取主动续费及被转介绍的家长 50% 的学费作为定金。当缴纳定金的家长达到一定数量时，学校就可以组织还没有报名的新生家长、还没有续费的老生家长、已经交过定金的家长参加家庭教育讲座。在讲座临近结束时，学校宣布今天的福利：报班可以送礼品。这个时候，已经交了定金的家长会毫不犹豫地冲到报名台进行报名。因为他们已经交了 50% 的学费了，顺便再把剩余 50% 的学费交齐，还能领礼品。还没有交费的家长并不知道有些家长已经提前交过定金了，他们只是看到了现场有很多家长去交费，这时，已经缴纳定金的家长会带动未缴纳定金的家长缴费，形成羊群效应。

策略四：在课程设计中，运用饥饿营销

假如学校有三门课程，分别是跆拳道课、美术课、舞蹈课。跆拳道课是用来对冲学校房租的。假设学校的房租为 20 万元/年，跆拳道课的学费是 5000 元/年，那么需要 40 个学生来对冲房租。假设跆拳道课现在已经有 20 个学生，还差 20 个，学校就应该努力再招 20 个学生。学校有了 40 个上跆拳道课的学生，就意味着可以用 20 万元的收入对冲房租了。这时，跆拳道课就不要再招生了，越不招生，家长越想给孩子报名，以此形成饥饿营销。如果家长实在想给孩子报名，则可以先交 1000 元的定金，等到现有的跆拳道课的学生学习结束，交定金的家长可以优先给孩子报名。

再来看美术课。假设美术课是为了对冲人工成本，学校的人工成本大概为 60 万元/年，美术课的学费是 6000 元/年，那么需要 100 个学生才能对冲人工成本。仿照跆拳道课的思路，学校先招到 100 个上美术课的学生。满员之后，封闭报名通道，家长可以交定金预约下一期的美术课。舞蹈课也是如此。想必各位校长已经清楚了该如何定价、招多少学生了。

第七章

差异化法则

用会员制"绑定"家长。

什么叫作差异化法则？差异化战略是商业中的核心组成部分，营销的本质就是产生差异化，差异化其实就是：我们不一样。我们不容易做到比对手更好，却很容易做到与对手不同。例如，小米锁定了"性价比"，借此提升手机销量，利用配件和软件服务获取利润，这是一种差异化的运作方式。所以，差异化就是让自己成为唯一，因为唯一就是第一。

学校需要收取学生的学费，相关部门要求，学校最多只能收取 3 个月的学费。不过，学校可以利用会员制延长收费时间，完善盈利模式。这里给大家讲一个非教育领域的案例："好事多"是一个依靠会员制盈利的企业。2018 年，其实际营业额约为 1384 亿美元，净利率高达 3.2%。该行业的平均净利率标准为 2%，一般不超过 2.6%，而"好事多"却可以达到 3.2%，远远超出行业平均水平。对于学校来说，"好事多"的做法有哪些值得借鉴的呢？

关键点一：每年稳定增长，从来不倒退！你的学校，能做到吗？

关键点二：老客户占九成，还做转介绍！你的学校，能做到吗？

关键点三：提前锁定利润，不怕挖墙脚！你的学校，能做到吗？

"好事多"成功的秘诀是什么？答案是三个字——会员制。

购物资格——会员专享。

购物折扣——会员专享。

购物返点——会员专享。

学校该如何利用会员制进行营销？做法如下。

做法一：将收学费变为收会员费（享受折扣）。

这样既可以突破时间限制，又规避了学生没有上完全部课程，就要求退费的风险。

做法二：成为会员可以获得转介绍返利的资格。

让家长升级为家长俱乐部的会员，在享受各项会员权益的同时，还能为学校做转介绍，家长会更有获得感。

做法三：成为会员可以获得年底返点的资格。

家长若升级为会员，其孩子在学校学习，家长年底将获得返点的资格，与学校进行利益捆绑，校区实现快速裂变。

具体如何操作？

利用黄金卡、黑金卡、铂金卡三种会员卡，让家长牢牢地与学校"绑定"。

我们假设学校课程的价格为 1800 元/3 个月，并设置黄金卡、黑金卡、铂金卡。

把黄金卡的价格设置为 1800 元会员费加 199 元卡费，优惠如下：

（1）赠送 3 个月的课程。

（2）报名其他课程享受 88 折。

把黑金卡的价格设置为 3600 元会员费加 388 元卡费，优惠如下：

（1）赠送 6 个月的课程。

（2）报名其他课程享受 88 折。

（3）转介绍返点 10%。

（4）年底返点 2%。

把铂金卡的价格设置为 7200 元会员费加 999 元卡费，优惠如下：

（1）赠送 12 个月的课程。

（2）报名其他课程享受 7 折。

（3）转介绍返点 20%。

（4）年底返点 5%。

（5）享受学员专属餐点。

最后我们对三种卡的设置要点进行总结。

（1）购买会员卡，3 天之内可无理由退卡（若已享受会员权益，则不支持退卡），没有退费的风险。

（2）超过 3 天，则不支持退卡。

（3）若学生不在校区进行学习，则会员卡失效。也就是说，毕业退学，会员卡会失效。

（4）会员卡到期后，家长若不再续费，则会员卡失效。

（5）其他不可抗力因素会导致会员卡失效。

总之，会员制是一种轻松、简单的让家长"绑定"学校的方式，也是和竞争对手产生差异的方法。

第八章

罗森塔尔效应

员工能力差，是因为校长不懂激励。

罗森塔尔效应，亦称"皮革马利翁效应""人际期望效应"，是一种社会心理效应，指的是老师对学生拥有殷切希望，就能戏剧性地达到预期效果。

1968 年的一天，美国心理学家罗森塔尔在美国的一所小学开始开展实验。他从小学一年级到六年级各选了三个班，对这 18 个班的学生进行了"未来发展趋势测验"。之后，罗森塔尔将一份"最有发展前途者"的名单交给了校长和相关老师，并叮嘱他们务必保密，以免影响实验的正确性。其实，罗森塔尔撒了一个"权威性谎言"，因为名单上的学生是随便挑选出来的，没有任何的科学依据。8 个月后，罗森塔尔对那 18 个班的学生进行复试，结果奇迹出现了。"最有发展前途者"名单上的学生，成绩都有了较大的进步，且性格活泼开朗，自信心强，求知欲旺盛，更乐于和别人打交道，最后他们大多成了名副其实的优秀学生。

从这个故事中不难看出，在我们对学生有了期许以后，学生往往就会戏剧性地按照期许中的那个方向去实现最终的目标。其实，员工就像上述实验中的学生。当工作氛围非常压抑的时候，员工每天上班也会非常不自在，难以创造价值。要想让员工创造价值，就必须让员工能够主动按照我们的期许去行动。员工很难在批评中发挥创造力，我们购买的不是员工的时间，而是价值，员工的价值一定是主动创造出来的。因此，赞美激励是最快挖掘员工价值的手段。员工能力差，是因为校长不懂激励。

利用罗森塔尔效应提升员工的能力有三个策略。

第一，潜移默化的赞美激励。

首先，做工作总结。让员工在工作总结中写下自己本周最自豪的一件事和最满意的三件事，当员工绞尽脑汁思考并写下这些内容时，其实就是在朝着一个好的方向发展。其次，每周评选一名标杆老师。我们可以发动家长、学员、员工进行评选，评选完成后，把标杆老师的简历、个人照片放在易拉宝中。例如，我们可以确定一个主题——"团队中我最欣赏的一个人及他身上的三个品质"。在评选结果出来后，大家共同学习他身上的优秀品质。当然，我们也可以让学生每周进行班级榜样的评选。最后，在早会中让员工分享身边令自己感动的事或人。每天3分钟，让员工感动的可能是学生家长、同事、家人。这样，每天的早会都充满正能量，当我们去聆听令人感动的故事的时候，你会发现团队的氛围变得大不一样了，团队的正能量更多了。

第二，众人面前的赞美激励。

员工的创造力是在赞美声中发挥出来的，在良好的工作氛围、美好的期许中，才会产生相应的价值，我们不妨大张旗鼓地去赞美员工。

不管团队有多少人，我建议校长每月一定要召开月度表彰会。让员工在一个良好的氛围中发挥自己的创造力，这才是表彰的终极目的。表彰的内容应该多样化，如业绩之星、服务之星、正能量大使、续费之星、诚信之星、开心大使等。员工被评选为业绩之星，校长要给他颁发一个业绩之星的奖牌，将奖牌亲自挂在员工的脖子上，然后再给员工颁发奖杯、证书。员工将奖杯、证书放在自己的办公桌上，提示自己获得过业绩之星的荣誉，他在下个月就会更加努力。除了给被表彰的员工颁发奖牌、奖杯、证书，要不要给他现金奖励呢？各位校长要记住，奖励给员工的不是现金，而是荣誉，休假奖励比现金奖励更有效。凡是受表彰的员工，可以在下个月多获得半天的带薪休假机会。其实，学校没有付出太多成本，只是提供了半天带薪休假的机会，但是让员工有了更多的荣誉感。

第三，惊喜式的赞美激励。

方法一：利用卡片为员工带来温暖。有一次，我到郑州的一家跆拳道馆做落地指导，刚到跆拳道馆，其校长就特别着急地对我说："刘导，您先不用帮我处理战略薪酬的问题，我现在有个棘手的问题，您能帮我处理一下吗？"我说："怎么了？"他说："我的教学赵主管怀孕了，今天早上在办公室抱怨，她觉得天气太冷，空调不制热，凳子太硬、太凉，她想要辞职。请您帮我把她留住，因为她是我们这里的顶梁柱。若实在无法挽留，至少让她三个月后再离职，我好培养接班人。"我听了这番话，就让前台去买了一个小太阳取暖器、一个坐垫、一个靠枕、一张卡片。等到整个学校的其他员工都下班回家了，我让该跆拳道馆的校长在卡片上写了一句话，内容大概是："赵主管你好，我知道你怀孕了，天气比较冷，学校正在积极地维修空调。我专门为你买了一个小太阳取暖器，已经放在你的桌子上了，还为你买了坐垫和靠枕，希望你能够坐得舒服一些。从明天开始，你可以在不影响工作的情况下，晚半个小时上班，提前半个小时下班，每天早上学校还会为你提供一杯孕妇专用牛奶，希望让你和你的宝宝度过一个温暖的冬天。"在没有人的时候，我们悄悄把卡片放在赵主管的办公桌上，然后把小太阳取暖器、靠枕、坐垫摆放好。

第二天，赵主管看到这些深受感动，泪流不止，表示一定会留下来站好最后一班岗。后来，这个跆拳道馆的校长告诉我，这位赵主管一直坚持到了生产前 15 天才休假，生完宝宝没多久又继续回来工作了，这就是小卡片的大用处。

方法二：记住员工的入职时间，为员工庆祝"生日"。这里的"生日"并不是员工出生的那一天，而是入职的那一天。我们可以邀请员工的父母来学校，共同庆祝员工的"生日"。

方法三：在团队中，永远要赞美自己的员工。不要指责员工能力差，越是指责，员工可能越做越差。不如用赞美代替批评，让员工重拾自信，发挥作用，真正为学校的发展助力。

人们都渴望被赞美，如果你懂得赏识别人，及时肯定他们的优点，他们就会更加积极、更加努力，给你带来回报。对校长来说，赞美和激励有如此巨大的作用，不妨试一试，何乐而不为呢？

第九章

破窗理论

别让错误的价值观毁了学校。

破窗理论的基本解释是：一栋房子，如果它的窗户破了，没有人去修补，那么过不了多久，其他的窗户也会在不知不觉中被人打破。一面墙，如果出现了一些涂鸦，却没有得到及时清理，那么很快，整面墙上就会布满涂鸦。

　　例如，高速公路堵车，但是一旦有一辆车在应急车道上行驶，其他车辆就会并入应急车道，导致消防车、救护车等特殊车辆寸步难行。其实，这些现象的背后就是破窗理论。怀有这种"弃旧心理"的人往往拥有这样的思维模式：既然已经破损，没有人管，那就随它去吧。如果某种东西具有一定的修复价值，仅仅因为破损就被扔掉，那么确实是一种浪费。若学校的某项规定、制度执行不力或遭到破坏，学校就轻言放弃，必然会造成管理无序。

　　我们来看一个案例。一家一百多名员工的本土企业，规定员工在上班时间必须佩带工牌。企业制度规定，如果员工没有佩戴工牌，则每次罚款 20 元。最初，只有一两个员工经常不佩戴工牌。但是因为管理层并没有引起重视，没有严格执行该项规定，一个月以后，不佩戴工牌的员工几乎占据了整个企业的 50%。员工对佩戴工牌这件事不够重视，管理者并没有明确管制，一再纵容，最终严重影响了企业的士气和员工的精神面貌。

　　其实，这样的现象在学校里比比皆是。在学校刚开办的时候，老师无论批改作业还是备课都极其认真，过了一段时间，往往倾向于应付了事。员工刚刚入职，学校要求其每周撰写工作计划、工作总结，一开始员工做得非常好。但是一个月、半年、一年过去了，最终往往会流于形式。老师刚开始对续费充满敬畏，会认真拨打每一通电话，虽然那时学校的名气不大，但是续费率很高，靠的是良好的口碑。后来学校越做越大，续费率却并不理想，续费工作越做越不理想。随着入职时间越来越长，员工在开展体验课、招生、档案建立等工作时，往往不再像最开始时那么认真了，这背后就是破窗理论。在破窗理论的作用下，人们有一种从众心理，会盲目随从，消极地规避风险与责任，认为"别人能做，我就可以做；别人能拿，我就可以拿"，不会考虑应该承担的后果。

在学校管理中，如何避免破窗效应的发生？

（1）明确员工的相应职责。

假设某学校的员工被晋升为主管，工资每个月增加 1000 元，你觉得他知道这 1000 元是怎么来的吗？我猜测，很多学校的主管都不清楚，只知道自己被晋升了，工资就会增加。

学校为什么要为员工增加这 1000 元？涨工资背后的责任是什么？若员工没有达到考核标准，又该怎么办？在学校管理中，要想避免破窗效应，就要让所有员工知道工资增加后所要承担的责任。从普通员工被晋升为主管，相应的责任也会随之增加。

第一，主管必须是业绩或教学质量的引领者，他所带的团队应该是团队冠军。第二，他必须组建团队，不能让自己管理的员工随便辞职。若有员工辞职，还要持续招聘新员工。第三，培养新员工。第四，达成目标。主管就是要带领团队达成目标，如续费、教学、业绩方面的目标。第五，沟通、聆听，处理员工的负能量，承上启下。第六，激励下属。当员工取得成绩的时候，要激励他们。所以，一个优秀的主管必须承担这六大责任。

接下来，我们用教师主管举例。第一，个人续费率必须在所有教师中排在前三名。只要做到了，年终奖就增加 500 元。第二，转正的教师，年底的离职率要控制在 20% 以内。只要达到这个目标，年终奖就增加 2000 元。第三，每学期至少培养两名续费合格的教师。每成功培养一名续费合格的教师，就能获得 500 元的奖励。第四，每学期带领教学团队，使平均续费率达到 85% 以上。只要达成此目标，就能获得 2000 元的奖励。

同时，在员工传递负能量的时候，教师主管要做负能量的终结者，每月还要对教学和服务方面的优秀教师进行表彰。校长可以把员工增加的收入和相应的责任挂钩，达成目标会有奖励，达不成目标会有惩罚，这样就能有效避免破窗效应了。

（2）制度若无法长久坚持，就不要执行。

校长不妨想想，你的学校有多少没有得到执行的制度。制度没有得到执行，就是因为在落地之前，校长没有想清楚该如何长久地坚持该制度，结果，往往不了了之。

（3）设置一个"零容忍"的高压线。

这么做就是为了告诉员工，必须严格按照制度执行，让员工知道学校是有原则、有底线的。在制度落地之前，校长一定要问自己三个问题。第一，若有人违反规定，是否能够对其进行"硬处理"？第二，如何确保制度能够持续执行？例如，可以让专人监督制度的执行情况。第三，制度是否公平？若校长违反了相应规定，该如何处理？朗培对客户的投诉零容忍，我们要求一旦被客户投诉，不准找理由，只能为客户提供解决方案。因为在朗培，客户说的就是对的，哪怕客户说的是错的，员工也只能为其提供解决方案，不能找理由。通过设置"零容忍"的高压线，让所有员工提高警惕，不要对破窗现象视而不见。

第十章

奖励失败论

如何嘉奖失败的员工，以此获得成功？

本章介绍一个全新的团队激励法则，即"奖励失败论"。如何嘉奖失败的员工，让其最后取得成功呢？奖励失败论指出，不要只奖励成功，还要奖励失败。

我们先来看一个故事。卡耐基小时候是公认的非常淘气的坏男孩，在他九岁的时候，他父亲把继母娶进家门。当时父亲和卡耐基居住在乡下，比较贫穷，而继母的家庭条件较好。父亲一边向继母介绍卡耐基，一边说："亲爱的，希望你注意这个全郡最坏的男孩，他让我特别头疼，说不定在明天早晨以前，他就会拿石头扔向你，或者做出出格的事，让你防不胜防。"

出乎卡耐基意料的是，继母微笑着走到他的面前，托起他的头看着他，接着又看着自己的丈夫说："亲爱的，你错了，他不是全郡最坏的男孩，而是最聪明但还没有找到发泄热忱之处的男孩。"继母的话让卡耐基感觉非常温暖。后来，卡耐基和继母的关系越来越好，继母的话成为激励卡耐基的动力。

在卡耐基的继母来到家里之前，没有人称赞过卡耐基。卡耐基的父亲和邻居认定他就是一个坏男孩，继母的话，改变了卡耐基的命运。在卡耐基 14 岁时，继母给卡耐基买了一部二手打字机，并且相信卡耐基一定会成为作家。卡耐基朝着这个方向努力，开始向当地的报社投稿，后来取得了辉煌的成就，这背后其实就是奖励失败论。

对待员工，校长不要只奖励成功，还要奖励失败。学校该如何落地呢？校长不妨思考这样一个问题：学校的主管及以上的管理者是怎样被选拔的？

有的校长表示，他觉得某个员工比较优秀，就把那名员工推上了管理者的岗位。其实，各位校长永远要记住，不要因为提拔了一个人而伤害了一群人。同期新来了好几名员工，为什么只把张老师提拔为主管，为什么没有提拔赵老师和刘老师呢？在你把其中一个人提拔为主管后，其他人就会有疑虑，觉得自己在学校没有发展前途，没有了希望，久而久之，就会产生离职的想法。团队可能因为有一个人被提拔了而充满负能量，其他人看不到希望，觉得自己失败了，就没有了工作的动力。

所以需要依靠竞聘来晋升，就算失败，员工也会感到光荣。要确定一个标准，如续费率达到 85%，业绩平均每个月在 1 万元以上的员工都有资格竞聘主管。学校可以组织他们统一参加竞聘，让其他员工投票。在投票的权重方面，管理层占 30%，基层员工占 70%，最终选出主管。

假如有三个人参加竞聘，有一个人成功选上了，有两个人失败了，我们更应该关注竞聘失败的员工还是竞聘成功的员工呢？在学校和团队的管理过程中，我们往往盯着优秀的人，但是忽略了那些努力工作的平凡人，那些人只是暂时没有出成果而已，他们一直在努力。校长要记住，让竞聘失败的员工愿意继续竞聘是竞聘机制的核心。

要让竞聘失败的员工得到应有的褒奖和尊重，让他下一次愿意继续参加竞聘。在我管理团队的过程中，有一项不成文的规定，竞聘失败的员工都可以获得和我共进海鲜自助晚餐的机会。我的一个员工叫殷致，他曾经连续四次跟我一起吃海鲜大餐。虽然他连续四次竞聘失败，但还是愿意再次参加竞聘。

有些员工正在努力把工作做好，只是因为能力不够，暂时没有出成果，却被我们忽略了。如果我们只盯着那些做出成果的人，而忽视这些有潜力的人，那么团队就很难出成绩。

校长可以从以下四个方面设计竞聘机制。

第一，凡是入围者均可以获得一份小礼物。小礼物的价格不用太高，可以是一个笔记本、一本对员工职业成长有帮助的书。凡是参加竞聘的员工，无论成功还是失败，都可以获得小礼物。

第二，为竞聘成功的员工颁发聘书。

第三，竞聘失败的员工能获得额外的奖励。例如，其可以与学校的校长一起吃一顿自助晚餐，获得一份纪念品，获得带薪休假半天的机会。如果竞聘失败的员工受到表彰，他们会越挫越勇。败了愿意再来，在哪里跌倒，就在哪里爬起来。一次又一次参加竞聘，直到竞聘成功为止。在良好的竞聘机制下，奖励失败者，会让团队的氛围瞬间从落选之后的郁郁寡欢变成斗志昂扬。

第四，连续三次竞聘失败，可以直接获得其他岗位的晋升机会。员工竞聘管理者，如果连续失败三次，则可能暂时不太适合此岗位。校长可以把他从中级教师提拔为高级教师，把高级教师提拔为专家教师。虽然员工没有成为管理者，但是获得了晋升，工资也有所增加。各位校长可以思考一下，用这样的方法奖励竞聘失败的员工，他们心里会怎么想？他们会对学校做出怎样的贡献？

接下来我们讲一讲竞聘机制的要点。

第一，让竞聘变得公平公正，人人愿意参与。其实各位校长最害怕竞聘不公平、不公正。若校长觉得某个老师干得好，就让他担任管理者，其他员工就会觉得不公平，会产生怨言，团队工作就很难开展了。

第二，关注竞聘失败者，让他愿意继续参加竞聘。这样，竞聘失败了，员工不会传递负能量，反而越挫越勇，激发了无穷潜能。这样的竞聘就变成了共赢。

第三，通过奖励竞聘失败者，让员工对竞聘热情高涨。

员工要想参加竞聘，必须先达到一定的标准。例如，续费率达到85%，业绩平均每个月在1万元以上。员工要有亮眼的工作成果，才有竞聘资格。所以要参加竞聘，员工就会努力工作，把业绩做好。如果竞聘成功，则获得晋升机会；如果竞聘失败，那么也能获得额外的奖励。

这些如何在学校进行落地呢？有以下四个步骤。

第一步：发布入围标准。例如，要想竞聘教学主管，标准是什么？要想竞聘市场主管，标准是什么？要想竞聘新校区的执行校长，标准是什么？标准要可量化，如续费率要达到百分之多少，业绩要完成多少。

第二步：确定竞聘人员。竞聘人员的人数一般是该岗位最终所需人员的三倍。要选一个教学主管，就要确定三个候选人。要选一个执行校长，也要确定三个候选人。要选两个市场主管，则要确定六个候选人。

第三步：竞聘现场打分。打分的规则是，管理层权重占 30%，基层员工权重占 70%。要让所有员工选出他们心中的最佳管理者，所以要现场打分。

第四步：安慰竞聘失败者。最好由学校的最高领导对员工进行安慰，具体的安慰方法前文已经介绍过了。

我们再来说说学校的师带徒制度。

学校来了一位新员工，需要一位师傅来带。校长设立了担任师傅的标准，选出了三位老员工作为候选人，然后候选人参加竞聘，让徒弟选师傅。若成功入选，师傅可以享受徒弟 50% 的提成。

也就是说，徒弟这个月获得的提成为 1000 元，学校发给他 1000 元，另外还会奖励他的师傅 500 元。各位校长可以想象一下结果如何。师傅往往不希望自己的徒弟辞职，因为徒弟不辞职，相当于在帮自己赚钱。师傅会希望徒弟每个月的提成越高越好，因为徒弟挣得多，自己挣得也就越多。所以，师傅会要求徒弟认真工作，好好招生。徒弟的提成多了，师傅的提成也就多了。徒弟的收入增加了，徒弟就不会想着辞职的事情了，所以这是双赢。学校可以让师傅连续六个月享受徒弟 50% 的提成。

另外两个落选的人怎么办？学校可以给他们提供安慰奖，他们获得下次优先选徒弟的机会，以及可以获得徒弟首月提成的 10%。

也就是说，新员工刚入职，学校就让其选择三位老员工中的一个作为师傅。师傅会连续六个月享受徒弟 50%的提成，这是学校额外奖励给师傅的。

老师该如何用奖励失败论来奖励孩子呢？在课堂上，孩子不爱举手回答问题，该怎么办？其实，只要让孩子大胆地举手，老师就能看到孩子的变化。老师可以对孩子说："会回答这个问题的同学，举右手可以加五分；不会回答这个问题的同学，可以举左手，同样能加五分，但是不举手的同学不加分。"

用这样的一个小方法，老师就可以在课堂上奖励不爱举手回答问题的孩子。长期坚持下去，老师就会发现，孩子举右手的次数越来越多，举左手的次数越来越少，孩子更加有勇气了，能够认真听课、积极回答问题了。

各位校长，奖励失败论可以用在学校的方方面面，如教学服务、招生管理、课堂教学。校长不妨思考一下，奖励失败论还可以运用在哪些地方。

第十一章

蓝斯登定律

快速打造幸福化团队的策略。

蓝斯登定律指出,企业内部效率最高的员工,不是工资最高的员工,而是工作心情舒畅的员工。也就是说,愉快的工作环境使人称心如意,因而会让员工更加积极地工作。不愉快的工作环境只会使员工内心抵触,严重影响工作效率。

例如,在最开始办学校的时候,员工可以叫出其他所有员工的名字、每一个孩子的名字,甚至认识每个孩子的家长。那时候的工作其乐融融,哪怕加班到晚上十点都很快乐。但是,随着学校的发展,半年、一年、两年过去了,矛盾越来越多,团队氛围越来越差,导致工作效率低下。

很多学校的管理者喜欢在管理岗位上板起面孔,觉得这样才能赢得下属的尊重,树立自己的权威,从而方便自己进行管理。其实,这是陷入了管理的误区。

工作氛围很糟糕,做什么都有阻力;工作氛围很和谐,做什么都有动力。是不是一针见血?

这里有一个式子:好氛围=创造力=生产力。

业绩好不好,续费好不好,家长愿不愿意给学校做转介绍,其实靠的就是工作氛围。校长可以买到一个人的时间,可以雇一个人到指定的岗位工作,但是买不到员工的热情,更买不到员工的创造力和全身心投入。学校十分需要这些更重要的东西。该怎样操作呢?就是让员工在好的工作氛围中工作。

其实,如果员工工作热情、积极,则学校能更好地调动员工的积极性、主动性、创造性，从而促进学校的良性发展和员工的全面发展。

职场中有三个关键词：工作氛围、离家距离、发展前景。在面试的过程中，在辞职的过程中，往往绕不开这三个关键词。

校长可能认为员工辞职的原因和钱有关，但深层次原因可能是工作氛围不好，员工觉得学校的工作氛围很压抑。所以，学校遇到的很多问题，往往也是工作氛围的问题。

如何为员工提供好的工作氛围

要想为员工提供好的工作氛围，需要做到以下七点。

第一，在早会中分享正能量。切忌在早会中批评员工，因为一旦批评员工，他一整天都会被负能量笼罩，无心工作。所以，要在早会中分享正能量，让员工分享令自己感动的一件小事及令自己自豪的一件事。

第二，在午休后热情舞蹈。很多学校都有午休时间，中午十二点下班，下午一两点上班。午休结束后，很多员工会感到疲惫，这时该怎么办呢？不妨动员员工跳一段充满热情的舞蹈，让员工感受到良好的工作氛围。

第三，坚决不用休息的时间团建，开会不得超时。员工最讨厌占用自己的休息时间进行团建。学校规定六点下班，五点五十分要开会，这个会议不应该超过 10 分钟。

第四，加班必须加餐。在招生旺季或举办重大的招生活动时，加班往往就成了家常便饭。若加班没有给员工加班工资，则可以为员工提供加餐。例如，平时六点下班，现在却要加班到八点，学校六点就要为员工提供一次加餐，让员工在加班中得到关怀。

第五，在惩罚员工后，必须对其加倍激励。例如，全勤奖是 100 元，有个老师生病请了一天假，结果全勤奖就没有了。这时，如果告诉他："下个月你如果全勤，那么我就把这个月扣掉的 100 元给你补回来。"员工可能就会释然许多。

考核工资也是一样。只要员工在规定的时间内达标，被扣了的考核工资也能一次性补发。续费率只要达到 90%，业绩达到 2 万元，之前被扣了的考核工资一次性补齐。学校还可以每个月为员工提供一些奖项，如最快出单奖、首单奖等。

奖金从哪里来？被扣掉的考核工资组成一个大的奖金池，奖金池里的钱用于激励员工。

绩效考核不重要，钱去哪了才重要。利用这种方法，让员工知道自己的工资实际上并没有被真正扣掉。

员工第一个月被扣了 200 元，第二个月被扣了 100 元，第三个月被扣了 200 元。虽然被扣了 500 元，但是只要第四个月达成目标，学校会一次性把 500 元补给员工。如果员工一直没能达标，则被扣的钱一直在奖金池里。这样，员工就知道自己的工资并没有被克扣，团队自然也就有了一个好的氛围。

第六，在特殊的日子，营造相应的氛围。在特殊的日子，给员工准备一些小礼物，有助于形成好的工作氛围。

礼物设置举例，如图 11-1 所示。

月份	节日	节日礼物
3 月	"女神节"	网红旋转钻戒一枚
4 月	无	
5 月	母亲节	为员工母亲充值电话费 100 元+贺卡+金色康乃馨
6 月	儿童节	怀旧零食+休假半天
7 月	大暑	手持小风扇（Logo 定制）
8 月	七夕节	礼物交换+情侣电影票
9 月	教师节	师生联谊（主题演讲：我心中的好老师）
10 月	感恩节	感恩爱心抱枕（定制）+感恩贺卡
11 月	"光棍节"	单身人士专属淘宝购物券（200 元）
12 月	圣诞节	神秘愿望树（礼物盒）

图 11-1 礼物设置举例

第七，校长要保持一个良好的工作心态，不要把家庭的烦恼带入工作。因为只有校长心情好，员工的心情才会好，工作氛围就会好。还是那句话，工作氛围很糟糕，做什么都有阻力；工作氛围很和谐，做什么都有动力。

第十二章

小概率法则

家长对小恩小惠没感觉了怎么办?

首先解释一下什么是小概率事件。假如你在一家餐馆用餐，用完餐后去买单，一共消费了 392 元。餐馆老板为你提供了两个选择：第一，抹掉零头，消费 392 元，只需付 390 元。第二，给你一张有机会中 500 万元的彩票。你会如何选择？你是愿意抹掉 2 元的零头，还是拿一张有机会中 500 万元的彩票呢？我相信大多数人会选择彩票，因为优惠了 2 元并不多，但彩票如果中奖，则有机会获得 500 万元。

这个选择在心理学中就是小概率事件。小概率事件就是指人们在面对概率虽小却有机会获得巨大利益的事情时往往愿意相信这种很小的概率。也就是说，人们更愿意选择有可能中 500 万元的彩票，而不是已经确定的 2 元优惠。

假如餐馆老板提供了两个新选择：第一，392 元抹掉零头，仅需付 390 元。第二，参与一次抽奖，奖品有大有小，可能是五角钱的棒棒糖，200 元的电磁炉，还可能是 iPad，你愿意选择抽奖还是优惠 2 元呢？大多数人会选择抽奖，但是最后抽中的很可能是棒棒糖。

在抽奖的过程中，我们对老板的满意度更高了，因为我们觉得是自己抽中了棒棒糖，而不是老板白送给我们的。如果运气好，还可能获得电磁炉和 iPad，我们会认为老板十分豪爽，懂得回馈客户。

虽然小概率事件不一定会发生，但是人们往往倾向于选择小概率事件，校长可以利用人们的这种心理进行学校管理和运营。

如何在学校的运营中使用小概率法则

在学校的运营中使用小概率法则有如下方法。

第一，在招生中使用小概率法则。很多学校都举办过全款报名砸金蛋的活动，这个活动永远不过时。很多家长在报名的时候都想得到优惠，假设学费是 1980 元，家长想把这 80 元抹掉，那学校不如实收1980 元，赠送一次砸金蛋的机会。金蛋中的奖品有一个特等奖，即国外七天六晚豪华品质游，价值 28000 元。家长宁愿不要 80 元的优惠，也要砸金蛋，觉得万一中了特等奖，就捡了便宜。

其实大家都知道，获得特等奖的概率很低。大多数家长砸金蛋，获得的都是十几元的小奖品。

第二，在挑战活动中使用小概率法则。只要挑战成功，就可以享受八折或五折，或把 80 元抹掉。但是如果没有挑战成功，那么就只能按照原价付费。这让家长觉得如果挑战成功了，则 1980 元的学费可能就是半价，但其实这是小概率事件。

第三，在会员制中使用小概率法则。学校可以让家长付 99 元，获得会员资格，以后续费、报名都享受八折。如果家长进行转介绍，则可以享受学费返利。

付费99元，下一学期报名就可以享受八折。家长的朋友来报名，该家长还可以享受返利，家长就会觉得有更多获得收益的机会。当然，要想获得这些收益，必须满足一定的条件，如果没有满足条件，就得不到收益。人在既定的利益和更大的未确定的利益面前，更倾向于选择后者。

第四，在课堂中使用小概率法则。学校都有课堂积分，其实可以让孩子用获得的课堂积分抵学费。若孩子下学期续费，课堂积分可以直接抵学费，这也是保证续费率的一种方法。

第五，在报名时使用小概率法则。只要报名，就送进步卡。只要拥有进步卡，如果下学期孩子在公立学校的班级中考试成绩排在前三名，或者在艺术、体育方面获得国家级奖项，则下学期的学费全免。

其实，这也是让家长和孩子对未来收益有所期许。假如孩子真的排在班级前三名，获得了国家级奖项，学校下学期给他免了学费，孩子也为学校起到了宣传作用。这些学生获得了成长，还会带动更多的学生到学校来学习。

更重要的是，用这样的方法可以让家长坚定信念，让家长觉得学校对孩子的进步负责。各位校长不妨在学校中运用进步卡，感受一下它带来的价值。

第六，在缴费时使用小概率法则。缴纳多少学费，就赠送多少学费。学校一学期的学费是2000元，家长只要缴纳2000元，学校就赠送家长 2000 元。但是，送的这 2000 元，每学期仅限使用 200 元，也就是说，要想全部用完这 2000 元，需要续费十个学期。

现在，假设学校的学费是 1980 元，在家长要求优惠时，学校可以告诉家长："我们的学费是 1980 元，一分都不能少，但是可以送你 2000 元的学费，条件是每学期只能用 200 元。"这样，家长和孩子就被你的学校牢牢"锁定"了整整十个学期。

在学校管理过程中，怎样使用小概率法则

学校的老师不愿意给家长打电话，但是只有给家长打电话，家长才有可能来学校体验课程，才有可能付费。

老师不愿意打电话，该怎么办呢？学校可以规定，老师只要打电话，每有一个家长来学校体验课程，就给老师一张抽奖券。老师拿到这个抽奖券便会很开心，想着什么时候才能抽奖呢？

等到周末，这个家长真的来听体验课，这个抽奖券就生效了。一等奖可以设置为最新款 iPhone，让员工看到希望，让他迷恋这个小概率事件。二等奖可以设置为 iPad。三等奖可以设置为补水面膜或护手霜。其实，员工更喜欢 iPhone 和 iPad。

在这种情况下，员工打电话的时候心里想的就是要努力让更多

的家长来听体验课，这样就能获得更多的抽奖券，获得 iPhone、iPad 的概率就会提高。但其实，抽中 iPhone、iPad 都是小概率事件，让员工在打电话时有所期待，才会有工作的动力。

学校还可以进行 PK 对赌。我们可以和某一个员工或某一个团队进行 PK 对赌。只要员工的业绩达到 1 万元，员工出 100 元，如果达到目标，学校给员工 500 元。如果没有达到目标，100 元就归学校。这样，员工会努力达到业绩 1 万元的目标，因为达到目标，就可以用 100 元换到 500 元。

再来讲讲员工考核，以一个学期四个月为一个考核周期。很多学校都设置了考核工资，但是大多数校长都没有进行严格考核，要么怕考核严格，把员工吓跑了；要么既没有考核的标准，也没有激励的措施。

其实，要记住一句话，考核本身不重要，弄清楚员工被考核的那部分工资去哪里了才重要。

假设每个月的考核工资是 1000 元，老师第一个月被扣掉了 100 元，第二个月获得全额考核工资，第三个月被扣掉了 400 元，第四个月被扣掉了 700 元。四个月总共被扣掉了 1200 元，老师就会觉得校长扣了自己的工资。

校长完全可以告诉老师："下一学期，如果你的工作达标，扣掉的 1200 元，我双倍赔付给你。如果下一学期仍然没达标，这 1200 元就不能给你了。"于是，老师会在下学期拼命工作，完成目标，这才是考核背后真正的价值和意义。

我们也可以利用小概率法则来留住人才。

例如，学校要招聘一个执行校长，每个月的薪酬是 1 万元，学校可以每个月只发放 5000 元，等到年底完成了任务，再把每个月没有发的 5000 元一次性发放。另外，每个月额外奖励 1000 元。这样做是为了让执行校长努力工作，使学校的业绩达标。

我们最后做一个总结。其实人的心理是极其复杂的，在有所损失的时候，会因为反射效应，偏好风险，想赌一把；在获得收益的时候，会因为确定效应，厌恶风险，见好就收。但如果收益很少，人们又会迷恋小概率事件，从厌恶风险转变为偏好风险。人有时就是这么纠结，这也让洞察人性变得困难而充满乐趣，能够洞察人性的人，将获得更多的商业机会。古往今来，凡成大业者，大多是极懂人性的人。

第十三章

比例偏见

家长想要更大的优惠，该怎么办？

本章讲讲比例偏见。

比例偏见是消费者的一种消费心理。例如，对消费者来说，20 元的商品降价 10 元，比 300 元的商品降价 30 元更有吸引力。看似降价 30 元比降价 10 元力度更大，300 元的商品降价 30 元，只优惠了 10%，20 元的商品降价 10 元，却优惠了 50%。消费者认为优惠 50% 更划算，这就是比例偏见。

有人做过这样一个实验。有一大一小两个盒子，A 盒子小一些，里面有 20 块饼干，其中有 1 块是巧克力饼干；B 盒子要大一些，里面有 200 块饼干，其中有 10 块是巧克力饼干。如果你想得到一块巧克力饼干，你会选择从小盒子里拿还是从大盒子里拿呢？如果你的第一反应是从大盒子里拿，那你就有比例偏见。如果只能拿一次，无论选择哪个盒子，拿到巧克力饼干的概率都是一样的。

因为存在比例偏见，我们会觉得那个大盒子里有 20 块巧克力饼干，获得巧克力饼干的概率更大。小盒子里只有 1 块巧克力饼干，获得巧克力饼干的概率太小了。其实获得巧克力饼干的概率一样，只是人们的感觉不一样。

在促销的时候，价格低的商品可以用打折的方式，让消费者感觉优惠；而价格高的商品，可以用降价的方式，让消费者感到优惠。也就是在价格低的时候讲比例，在价格高的时候讲数值。

举个例子，单价 50 元的课程，优惠了 10 元，家长往往不觉得便宜。如果改为单价 50 元的课程直降 20%，那么家长就会觉得便宜了很多。单价 500 元的课程优惠 20%，家长往往不觉得便宜。如果改为单价 500 元的课程直降 100 元，那么家长就会觉得非常便宜。这告诉我们，价格低的时候讲比例，价格高的时候讲数值。

有一个幽默小故事，有一个人跟自己心目中的女神表白，被女神残忍地拒绝了，女神是这样说的："咱俩不合适，因为咱俩的年龄差距太大，足足差了 86400 秒。"听到这个数字，他感觉差距很大，转身就走了。后来他才发现，其实 84600 秒换算成天，其实也就是 1 天。

各位校长不妨在课程促销或招生活动中运用比例偏见，效果一定会非常好。

我们说说招生过程中的砸金蛋活动。如果有 10 个金蛋，其中 1 个金蛋中有奖品，家长就没有砸金蛋的欲望，觉得中奖概率太低了。如果有 1000 个金蛋，其中 100 个金蛋中有奖品，家长就会感觉中奖概率很高。其实这两种方式的中奖概率是一样的。

例如，一家学校的学费为 1600 元/学期，转介绍 1 个人，返 200 元，家长会觉得优惠力度不大。学校不妨直接说，转介绍 4 个人，打 5 折；转介绍 8 个人，学费全免，家长就会觉得优惠力度很大。

再如学校的赠品，我们可以说报一门课，送 25，这个 25 是什么？家长只要为孩子报一学期的课程，学校就送 25 个小礼物，如书包、笔记本、橡皮、书皮等。学校可以到网上批发，小礼物的总价值并不高，但是家长会觉得报一门课，还能获得 25 个小礼物，足足有一大箱子，十分划算，这就是一种比例偏见。

所以各位校长请记住一句话，每一个优惠方案背后都有"套路"，"免费"的东西其实不一定真的免费。我们可以利用比例偏见设计一种免费学习课程的活动。假设一家舞蹈学校有五次精品课，其可以做这样一个活动，叫作免费学舞蹈，上五次课，一分钱都不用花。但是想要学习五次免费的舞蹈课，需要先交 200 元的押金，只要孩子按时来上课，上完最后一节课，学校就会退还这 200 元的押金，相当于一分钱都没有花。

但是，如果孩子没有按时来上课，则 200 元押金就不退了。对学校而言，孩子没有按时来上课，可能也就不会报名后续的课程，相当于学校收了 200 元的课时费，没有赔钱。如果家长带着孩子按时来上课，最后学校退还这 200 元的时候，一定会跟家长谈单。

如果家长觉得押金不用退，就可以用押金双倍抵学费，也就是说 200 元变 400 元。在这种情况下，家长带着孩子连续上课五次，已经形成习惯了，续报名就会更加容易。学校可以给家长提供优惠，也就是说原价 2000 元，现在只需要 1600 元，家长肯定愿意报名。

在报名的时候，有一个优惠方案，即交多少钱，就赠送相应价值的礼品。假如学费为 2000 元，只要家长不要求退押金，家长交 1600 元，学校就再送家长 1600 元左右的礼品。例如，送家长一个价值 999 元的扫地机器人和一个价值 666 元的按摩捶背理疗仪，总价值 1665 元。家长只交了 1600 元，就会觉得捡了便宜。

有的校长觉得，这样学校不是就亏了吗？其实，从网上批发扫地机器人、按摩捶背理疗仪等，品质能得到保障，而且与厂家直接对接，价格非常便宜，不会亏本。这就是"免费"课程背后的小技巧，利用比例偏见，让家长觉得优惠力度大。

具体该如何落地呢？这里分为四个步骤。

第一步：流量吸引。

利用 DM 单及会员家长对学校的转介绍，吸引更多的家长参加活动。只需要交 200 元的押金，孩子就可以免费上五次课。

第二步：锁定客户。

通过收取 200 元押金来锁定客户。如果连 200 元都不愿意交，他就不是学校的目标客户。通过 200 元押金，学校对客户进行了自动筛选，锁定了有效客户。

第三步：签署协议。

返还押金的前提是，孩子必须按时来上课，学校需要与家长签署协议，确定押金双倍抵学费的权益及退款条件。

第四步：赠送等值的礼品。

让家长觉得非常划算，捡了一个大便宜，没有多花钱，还获得了礼品。

最后我们进行总结。因为比例偏见的存在，在落地过程中，我们应该在价格低的时候讲比例，在价格高的时候讲数值。学校可以利用这种方式，更好地进行招生宣传、员工激励，效果一定超乎想象。

第十四章

价格区隔法则

如何把竞争对手变为竞争队友?

什么是价格区隔呢？有时候，即使不同产品的所有特性或可衡量的收益完全一样，但是对于不同的细分市场而言，它们的价值仍然存在差异。这是因为不同细分市场中的客户会使用不同的公式，将产品的特性和收益转化为经济价值，价值差异可能与客户以当前收入水平可获得的替代品或一些难以客观衡量的心理收益的差别相关。除非拥有一种良好的代表性价格，计量单位能恰好与这些价值差异一一对应，否则，卖家就必须进行价格区隔。

大家理解起来或许有一定的难度，我们举例阐述。例如，你的学校周围 3.5 公里内有竞争对手吗？如果有，那么这个竞争对手是以什么标准筛选出来的？换句话说，为什么把它当作竞争对手？因为它的课程与你的学校相似？因为它与你的学校距离近，竞争范围重叠？如果这样思考，那么你的学校周围的竞争对手多如牛毛。

但实际上这些是真正的竞争对手吗？我们不妨继续思考。小米手机降价会影响苹果手机的销量吗？答案是不会，因为小米手机和苹果手机锁定的客户是不同的，小米手机锁定的是追求性价比的人群，而苹果手机锁定的是一部分高收入人群，它们的目标客户是不一样的。小米手机降价，对苹果手机的销量影响不大，这就是价格区隔。吉利汽车降价会影响保时捷汽车的销量吗？小区门口卖炸土豆的商店降价会影响肯德基薯条的销量吗？答案都是不会。

什么是竞争对手？竞争对手必须满足三个条件：第一，产品一致。例如，你卖手机，他也卖手机；你卖舞蹈课，他也卖舞蹈课，这叫产品一致。第二，价格趋同。你的手机售价 1000 元，他的手机售价 999

元；你的舞蹈课卖 2000 元，他的舞蹈课卖 2200 元，这叫价格趋同。第三，在有效的区域范围内。例如，武汉的房子和广州的房子不存在地域上的竞争，销量不会相互影响，自然构不成竞争关系。

我们再来看全国的互联网电子商务。众所周知，淘宝在 5 年前几乎垄断了中国电子商务行业，客户覆盖全国。那时，京东的客户和淘宝的客户有所重叠，京东的产品结构和淘宝一致度较高，在这种情况下，京东是如何破局的呢？答案是：价格区隔策略。淘宝卖得便宜，京东就卖得贵；淘宝靠第三方进行快递运输，京东就建立仓储物流中心，提供次日达的网购服务，这就是京东的产品区隔策略。当时，淘宝已经是中国最大的互联网电子商务平台之一了，但是京东通过"弯道超车"，实现逆袭。再如，拼多多曾经通过低价营销策略抢占了全国 3 亿多用户，利用价格区隔在淘宝和京东的夹缝中生存了下来。尽管竞争对手很强大，但京东和拼多多都找到了自己的不同之处，商业的本质就是区隔。你觉得周围的竞争对手很多，其实是没有进行区隔。

如何进行区隔

这里有三种进行区隔的方法。第一，价格区隔。别人收费 1000 元，你就收费 1 万元。第二，客户区隔。别人锁定 3~6 岁群体，你就锁定 6~12 岁群体；别人锁定高端客户，你就锁定普通客户；别人锁定低端产品，你就锁定高端产品。第三，异业区隔，利用异业联盟把竞争对手区隔在外。下面我们进行具体介绍。

第一，价格区隔。首先记住，价格区隔只有一个原则，价格要么极低，要么极高。如果价格不高不低，则难以占领客户心智，也很难形成价格区隔。例如，小米手机在高端智能手机普遍卖两三千元的时候，降到 1000 元以内，迅速占领低端手机市场。小米的例子给学校提供了很好的借鉴，我们可以把价格压到竞争对手的一半。当别人一学期收费 3000 元的时候，你收费 1500 元，价格就区隔开了。价格在 1000 元以内，更加容易形成竞争力。在选择极低价格的时候，要不断地降低成本，保证有足够的利润空间。永远记住，"低价不意味着低利润"，我们可以充分利用大数据，获得更高的利润空间。什么是极高价格？别人售价 1000 元，你可以售价 5000 元甚至 8000 元，高出行业平均价格两到三倍，甚至高出三到五倍。苹果手机就是利用了这种价格区隔策略。

第二，客户区隔。例如，奖学金的"掐尖"战略。学校既可以选择高端客户，又可以选择普通客户；既可以重点培养学习好的学生，又可以重点培养学习差的学生，这都是在进行客户区隔。奖学金的"掐尖"战略具体如何落地呢？假设学校的主营业务是文化课补习，校长可以规定，在自己的培训机构附近读公立学校的孩子，如果在公立学校的考试中排在年级前 50 名或班级前 3 名，则孩子到培训机构学习，仅收取每学期 200 元的资料费。培训机构把资料费当作课时费发放给老师，相当于没有赚一分钱，但吸引了公立学校的尖子生到培训机构学习。再如，艺体类的培训机构可以规定，凡是获得省级以上比赛奖项的孩子到自己的学校补习，享受半价优惠。除此之外，学校还可以举办各种各样的挑战赛、英语单词比赛，比赛的前几名可以获1000~50000元奖学金，奖学金直接抵学费。学校还可以结合宣传单，用"200万元奖学金等你拿"等宣传语引流，对成绩优秀的孩子免费或半价，利用营销策略进行"掐尖"，让优秀的学生汇聚到学校。客户区隔的落地方式见图14-1。

如何落地？

1. 文化类
年级前 50 名或班级前 3 名，仅收取资料费。

2. 艺术类
获得省级以上比赛奖项，享受半价优惠。

3. 挑战赛前 X 名（如英语单词挑战赛）可获得奖学金 1000~50000 元。

4. 结合宣传单，200万元奖学金等你拿。

图 14-1　客户区隔的落地方式

第三，异业区隔。众所周知，学校能够辐射的半径是 3.5 公里，然而很多校长在招生的时候仅仅把注意力放在学校半径 3.5 公里内的小区、中小学上，往往忽略了 3.5 公里之内的异业商家，如花店、餐饮店、干洗店、饮料店、服装店等，这些商家有一定的存款，但常常因为忙于生意，没有太多时间关注孩子的学习。这些商家的电话在哪里？在饿了么、美团、高德地图、大众点评等软件上。学校的市场人员可以通过电话邀约店主，添加店主的微信好友，上门拜访，吸引店主的孩子到学校学习。学校甚至可以为他们提供优惠，只收取一半的学费，将这些学生引流至学校。这样学校和商家就不再是合作关系，而是老师和家长的关系。当孩子的成绩有了提高时，学校再去和这些商家谈合作就会易如反掌，如在花店投放二维码，在服装店摆放报名打折卡，在餐饮店张贴宣传单等。校长还可以通过短期合作的方式，推出买 1 送 20 的捆绑性活动，即购买一个学期的课程，附送 20 个超值赠品，包含餐券、超市券、图书券、咖啡券、水果券、火锅券、瑜伽券、母婴店抵用券等，还可以把学校的海报投放到合作的商家里，把学校的招生热线电话印刷在购物袋上。这些都可以帮助学校进行异业联盟，让学校尽快抢占 3.5 公里内的客户。等竞争对手反应过来的时候，学校已经锁定了 3.5 公里内的大部分商家，形成了垄断，这就是异业区隔。

最后进行归纳总结。商业的本质就是区隔，做好差异化策略，你的身边其实就不存在竞争对手。本章介绍了三种区隔策略：价格区隔、客户区隔、异业区隔。在实际的管理运营过程中，灵活运用这三种策略，可以很好地区隔竞争对手，实现反超，甚至领先。

第十五章

拼多多原理

线上转介绍如何实现爆发式传播?

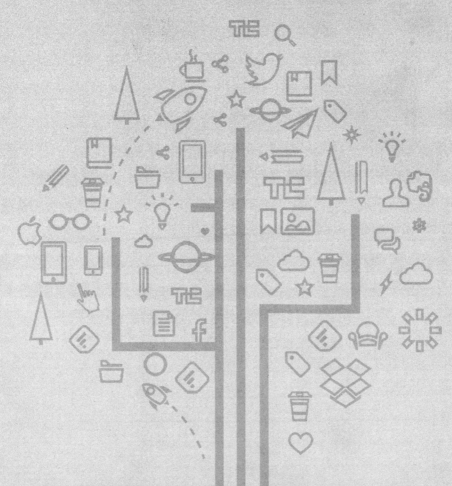

在电商"血拼"的时代，淘宝和京东竞逐"厮杀"，拼多多却在夹缝中崛起。拼多多成立的时间不长，成交额却达到 3448 亿元，市值达到 249.3 亿美元，年度活跃用户将近 4 亿人，成功上市。拼多多成功的背后，必然有其营销模式，这种模式对学校运营有所帮助。拼多多的成功，主要体现在以下方面。

第一，拼多多把转介绍运用到了极致。它不再利用传统的方式，让老客户带着新客户走入商场去做转介绍，而是利用便捷的线上方式进行转介绍。

第二，价格超低，完全符合消费者心理。

第三，通过线上转介绍，锁定老客户的消费习惯。

第四，砍价和拼团让拼多多呈裂变式发展。

拼多多模式值得学校借鉴：一是利用这种模式，让家长转介绍快速裂变。二是消除恐惧，建立转介绍的渠道，线上转介绍最大的优点是动动手指就可以完成。三是提供巨大的优惠力度，快速拉新，把校区"装满"。只有把校区"装满"，才能有充沛的现金流，而现金流恰好决定了学校的生死。

那么具体该如何落地呢？分为三步。第一步，设计拼团产品；第二步，设计团长福利；第三步，选取合适的渠道。

学校可以设计一个短期的具有爆款性质的拼团产品。例如，孩子学一个月的钢琴，让家长直接看到孩子的进步，钢琴课程原价 588 元，3 人成团每人只需 58 元，让家长感觉便宜。

至于团长福利，可以让老生家长做团长，然后把拼团的线上链接发给其他家长，让其他家长把拼团链接转发至朋友圈及微信群。如果拼团成功，则团长和团员共同享受优惠，最终实现成交。

拼团产品一定要基于社交关系，才能被广泛传播。设计团长福利，也就是进行利益捆绑，促进成交。家长苦于没有渠道去做转介绍，短期的拼团产品可以打通渠道，家长把链接发到朋友圈或微信群，若成功成团，就可以直接在线转化。成交之后，家长也会获得相应的转介绍费。

我们来看看拼团产品的设计方法（见图 15-1）。如果学校规模小，学生人数少于 100 人，家长不是很积极，品牌知名度也不是特别高，拼团的设计应该为少量多次，建议设计为 3 人即可成团。因为家长做转介绍不是很积极，如果是 5 人团、8 人团，那么可能一两个月都无法成团，最后这个拼团活动就"流产"了。关于课时，建议设置

学校情况	设计原则	团型	课时	原价	团价	团长提成	老师提成	学校提成
1.学生少于 100 人 2.家长做转介绍不积极 3.品牌知名度不高	少量多次	3 人团	6 次	188 元	18 元	50%	20%	30%
1.学生为 100～300 人 2.家长有热情做转介绍 3.有一定品牌知名度	少量多次	5~8 人团	10 次	1000 元	188 元	50%	20%	30%
1.学生为 300 人以上 2.家长乐意做转介绍 3.当地知名教育机构	少量多次	10 人团起	12 次	1200 元	188 元	50%	20%	30%

图 15-1 拼团产品的设计方法

为 6 次课，假设原价是 188 元，那么团价可以是 18 元，价格可以自主设计。如果成团，则团长可获得 50%的提成，老师可获得 20%的提成，学校留下 30%作为运营成本。

如果学校的学生为 100~300 人，有一定的品牌知名度，家长也有做转介绍的热情，那么这个拼团活动可以为少量多次。没错，同样是少量多次，但是成团人数的标准可以从 3 人变为 5~8 人。这样一来，价格就可以更低。如果 10 次课原价 1000 元，可以降到 188 元。提成分配同样是家长获得 50%，老师获得 20%，学校获得 30%。

如果学校的学生为 300 人以上，学校在当地是知名的教育机构，并且家长乐意做转介绍，那么拼团活动可以设计为多量多次。学生和老生家长本来就多，成团人数的标准可以是 10 人，也可以是 15 人或 20 人。课时可以设计为 12 次，课程原价 1200 元，成团价 188 元，家长、老师、学校的提成分配标准同样为 5:2:3。

我们把产品设计好了，把链接发给了家长，家长拼团不积极怎么办？

家长不积极，原因很简单，第一是不愿意动脑筋，比较懒。所以我们要把拼团链接和话术提前准备好，家长只需要动动手指就能完成。第二是跟风对比。家长如果不愿意拼团，可能是因为刺激不够。这时需要建一个关于拼团的群，在群里不断地发喜报，形成一种跟风热潮，刺激家长拼团。另外，家长只要成团，就可以带孩子来学校领取小礼物。

要想让家长积极拼团，就要进行现场升级。一开始可以让家长拼

3人团，如果成团，则家长可以到现场领取提成。这时候再告诉家长，接下来做5人团、8人团提成会更多，让奖励呈螺旋式升级，先开小团，再开大团，把家长的积极性提升上来。

还要在群内对团长进行排名，列出每一个团长已经带领了多少人成功拼团，还差多少人，已经获利多少元，通过这种方式刺激家长。

当然，这种拼团活动看上去是给了家长优惠，实际上是为了学校的招生。我们可以设计一个展现自己的学校有所担当的活动。例如，每成团一次，就拿出1元捐给爱心机构，通过公益行为激发家长的拼团动力，提升家长拼团的积极性。不过，活动要想成功，还要借助热点和节假日，这里有一个全年热度时间节点模板（见图15-2），校长可以根据图中的时间，设计不同的拼团模式。

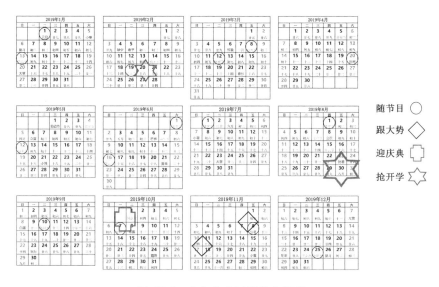

图15-2　全年热度时间节点模板

在我们设计好了拼团产品和团长福利之后，就要选择合适的渠道及平台进行宣传，如评好课、商家岛、深互动等。

最后进行总结，校长一定要改变思维，做学校一定是先"装满"校区，再进行盈利。校长一定要多多思考与线上线下转介绍有关的营销战略。同时还要注意，一个 3 人团已经拼了 2 个人，还差 1 个人，这时，如果有 1 个人到学校咨询报名事宜，学校应该怎么做？为了让家长更好地拼团，完全可以让这个人入团，虽然学校获得的利益少了一些，但客户能够感到惊喜和实惠，客户后续才能带给学校更大的回报。

第十六章

贝尼斯定理

如何快速提升员工的能力?

什么是贝尼斯定理？它的核心思想是员工培训是企业风险最小、收益最大的战略性投资。它的提出者是著名的企业管理学教授沃伦·贝尼斯。其实，培训员工背后的逻辑，是让员工不断地创造价值和做大价值，因为能力只是基础，价值才是根本。企业雇用员工不仅仅是购买他的工作时间，更重要的是购买他背后的价值。单位员工创造的价值，又叫作人效，就是每个人为企业提供的效能，也叫作效益。

通常，人效的计算方式是用总业绩除以总人数，例如，学校 2018 年的业绩是 100 万元，由 10 名员工完成，就用 100 除以 10，也就是说每个员工每年的人效是 10 万元。在教培行业，一二线城市学校的人效每年要达到 20~25 万元，才可能产生一个良好的现金流和正向增长的利润，三四线城市学校的人效要达到 12~20 万元，五六线城市学校的人效要达到 8~12 万元。所以对于学校来说，要想快速增加学校的业绩，在人效不变的情况下，只需要快速增加员工人数就可以了。但是要想快速提升学校的盈利能力，还是要从提升人效入手。

怎样提升人效？一个简单的方法就是提升员工能力。而提升员工能力最直接的方法就是对员工进行培训。但是很多校长担心，对员工进行培训之后，员工辞职了怎么办？其实这个问题的答案很简单，没有进行培训，员工就产生不了人效，更无法为学校创造利润。因此，校长必须学会提升员工的能力，提升人效，从而提升学校的盈利能力。

这里有一个快速提升员工人效的考核手段，叫作关键成功因素法（Key Successful Factors，KSF），指的是决定岗位价值的最有代表性和影响力的关键性指标。所以要提升员工人效、提升员工在岗位中的价值，就需要找到影响员工价值和人效的关键性指标，因为员工80%的价值往往是由20%的关键性工作决定的。举个例子，老师这个岗位的工作十分烦琐，但真正考核人效的只有两三个指标，校长只需要把这两三个指标提炼出来，并对老师进行培训和考核，那么他们的人效和为学校产生的价值就会提升得特别明显。这就是KSF设计的核心。校长要清楚，员工的核心价值并不是把所有的事情做好，而是完成重要指标。所以将岗位的重要职责及学校所需要的结果进行归纳、梳理并形成目标或标准，就是决定岗位价值的关键。找到了关键，我们就可以针对员工设计一系列的考核和培训。

KSF设计六原则（见图16-1）如下，第一，岗位价值分析。罗列该岗位的全部价值要点，因为暂时还不知道哪一个是决定最终价值和人效的关键因素。第二，提取指标。提取可量化的数据，如营业额、上门人数、续费率等。第三，设计指标和薪酬。设置好选取指标的权重和薪酬的数额。第四，选定平衡点。选定学校和员工都能接受的平衡点，以历史数据为参考。第五，设计上下浮动标准。确定每个指标浮动的刻度和尺度。第六，测算套算。按高、中、低三类员工准确测算，落地执行。薪酬的每一次变动只能略微上涨，绝对不能下降，否则员工就会怨声载道。

第一：岗位价值分析
罗列该岗位的全部价值要点。

第二：提取指标
提取可量化的数据，如营业额、上门人数、续费率等。

第三：设计指标和薪酬
设置好选取指标的权重和薪酬的数额。

第四：选定平衡点
选定学校和员工都能接受的平衡点，以历史数据为参考。

第五：设计上下浮动标准
确定每个指标浮动的刻度和尺度。

第六：测算套算
按高、中、低三类员工准确测算，落地执行。

图 16-1　KFS 设计六原则

我们来看看市场岗位的考核模式（见图 16-2）。

市场岗位			
底薪	考核工资	考核方式	提成比例
2600 元	400 元	业绩低于 5000 元，无考核工资	1 万元以下，提成 8%
		业绩达到 5000 元，奖励 200 元	1 万元~2 万元，提成 10%
		业绩达到 1 万元，奖励 400 元	2 万元以上，提成 12%

图 16-2　市场岗位的考核模式

传统的市场岗位的薪酬和考核模式往往是有漏洞的，例如，给市场老师设置的底薪为 2600 元，考核工资为 400 元，这 400 元往往是通过业绩考核进行判定的。业绩低于 5000 元，无考核工资；业绩达到 5000 元，奖励 200 元；业绩达到 1 万元，奖励 400 元。提成比例为，1 万元以下，提成 8%；1 万元至 2 万元，提成 10%；2 万元以上，提成 12%。但是用这种模式无法提升员工的能力，更无法量化员工的价值。因此，校长不妨先来思考一下，优秀的市场老师需要做好哪些工作呢？其实一个优秀的市场老师最后做了多少业绩并不是最重要的，他的价值可以用很多指标去量化，如做了多少次地推，收到多少个客户的电话，打了多少通邀约电话，邀约了多少家长到访，小组的业绩如何，个人的业绩如何，最终才是业绩指标。只有把这些价值要点提炼出来之后，才能确定市场岗位的 KSF 全绩效模板。

市场岗位的 KSF 全绩效模板如图 16-3 所示，校长可以根据实际情况进行设计。模板中设置了 K1 到 K5 五个关键指标，涵盖了个人业绩、个人电话量、个人到访量、团队到访量和团队业绩，这五个指标的权重分别是 60%、5%、20%、5% 和 10%。假设市场岗位的员工最终薪资是 4000 元，那么个人业绩占 2400 元，个人电话量占 200 元，

	K1	K2	K3	K4	K5	合计
指标	个人业绩	个人电话量	个人到访量	团队到访量	团队业绩	
权重	60%	5%	20%	5%	10%	
占比金额	2400 元	200 元	800 元	200 元	400 元	4000 元
平衡点	1 万元	500 个	8 个	人均 8 人	人均 1 万元	
上浮刻度	每多 100 元		每多 1 人	每多 1 人	每多 1000 元	
上浮尺度	奖励 10 元		奖励 100 元	奖励 25 元	奖励 40 元	
下浮刻度	每少 100 元	无	每少 1 人	每少 1 人	每少 1000 元	
下浮尺度	少 6 元		少 100 元	少 25 元	少 40 元	

图 16-3　市场岗位的 KSF 全绩效模板

个人到访量占 800 元，团队到访量占 200 元，团队业绩占 400 元。也就是通过 KSF，让员工明白这 4000 元的薪酬是各个指标综合测算的结果。

同样的道理，教学岗位也是如此，很多学校对老师的业绩考核往往不够全面，工资通常与带班量、课时费、续费、转介绍挂钩，无法有效提升老师的价值，教学岗位的考核模式见图 16-4。其实，教学岗位也可以通过 KSF 去量化，分模块对员工进行价值分割。教学岗位的 KSF 全绩效模板见图 16-5。一个优秀的老师需要做到续费率高，转介绍好，带班数量多，学生出勤率高等。校长可以从这些维度去提取关键指标，同样分为 K1、K2、K3、K4、K5，K1 为上期续费率、K2 为带班数、K3 为带班总人数、K4 为学生出勤率、K5 为转介绍，其在薪资中的权重占比分别为 40%、20%、20%、10% 和 10%。

教学岗位				
底薪	考核工资	考核方式	课时费	续费及转介绍提成
2800 元	400 元	3 个班及以下，考核工资 100 元	0～8 人班，50 元/次	5000 元以下，提成 8%
		4 个班，考核工资 300 元	9～15 人班，65 元/次	5000～10000 元，提成 10%
		5 个班，考核工资 400 元	16 人及以上班，80 元/次	1 万元以上，提成 12%

图 16-4　教学岗位的考核模式

	K1	K2	K3	K4	K5	合计
指标	上期续费率	带班数	带班总人数	学生出勤率	转介绍	
权重	40%	20%	20%	10%	10%	
占比金额	1800 元	800 元	800 元	200 元	400 元	4000
平衡点	85%	4 个	50 人	92%	2 人	
上浮刻度	每多 1%	每多 1 人	每多 1 人	每多 1%	每多 1 个	
上浮尺度	奖励 25 元	奖励 100 元	奖励 20 元	奖励 20 元	奖励 200 元	
下浮刻度	每少 1%	每少 1 个	每少 1 人	每少 1%	每少 1 个	
下浮尺度	少 20 元	少 100 元	少 16 元	少 20 元	少 200 元	

图 16-5　教学岗位的 KSF 全绩效模板

校长会发现，设计 KSF 全绩效模板，核心有四个。第一，如果薪酬不变，就要明确员工的行动方式。第二，员工的行动力和创造力是与工资成正比的，其能力和价值体现在工资的波动上。第三，利益在哪里，工作的重点就在哪里，员工可以明确知道自己应该往哪个方向努力。第四，让员工明白每项工作背后的价值，让他不断提升能力，更好地完成工作。

最后回顾一下本章重点，员工培训是企业风险最小、收益最大的战略性投资。培训员工的目的是让员工不断地提升能力、创造价值。学校可以利用 KSF，通过关键指标的综合测算，更好地调动员工，让员工提升岗位能力，为学校创造更多的价值，有助于学校培养出更多复合型人才。

第十七章

帕金森定律

如何实现工作流程化、流程工具化?

本章为大家分享一个让工作流程化、流程工具化的定律——帕金森定律。

一项工作，大家总是临近截止日期才急着做，这就是帕金森定律。英国著名历史学家诺斯古德·帕金森出版的《帕金森定律》一书指出：一个人做一件事，所耗费的时间差别如此之大，他可以在十分钟内看完一份报纸，也可以花半天看完一份报纸。一个忙碌的人用二十分钟就可以寄出一叠明信片，但一个无所事事的老太太为了给远方的外甥女寄一张明信片，可以足足花一整天的时间。

在我们的日常工作中，工作会自动地"膨胀"，占满一个人所有可用的时间。如果时间充裕，员工就会放慢工作节奏或增添其他项目以便用掉多余的时间。这就解释了员工为什么每天在学校里忙忙碌碌，但总是达不到校长的目标。帕金森定律表明：只要还有时间，工作就会不断扩展，直到用完所有的时间。所以，帕金森定律也是时间管理的一个概念。

要想减少由帕金森定律引发的现象，最直接的方法就是让工作流程化、工具化。那么如何落地呢？

这里给大家分享具体的落地步骤。第一步，构建自己学校的大流程。第二步，组建并完善、细化自己学校每一项工作的小流程。第三步，为大流程和小流程配套落地和执行考核的工具。下面展开来分析。

第一步，构建自己学校的大流程。我们要把学校每一周所有要完成的工作按板块进行划分，例如，招生工作、教学工作、服务工作、续费工作、备课工作等，再根据板块把每一个要完成的工作和每天、每个时间段的工作时间进行对照，一旦确定就不要轻易改变，让老师形成固定的习惯，明确到了这个时间该干什么事，他们就不会慌、不会乱，更不会无限制地拖延时间。这样就有效避免了帕金森定律的出现。

学校可以规定九点上班，上午九点到九点十分开早会；九点十分到十一点，做课堂续费技巧的培训；十一点到十二点，做教学服务话术的演练；下午一点半到两点半，做电话服务；两点半到三点半，做外出派单地推话术的演练；三点半到四点半，到学校门口进行地推、收单；四点半到五点，做周茶话会的活动；五点到六点，拨打电话，进行邀约；晚上进行全网营销。在一系列流程设计出来之后，员工就明确了今天来上班，要干几件事，应该在什么时间干。在流程固定一个月、两个月后，这张流程表就已经印在员工脑海里了，甚至不需要再张贴出来，因为员工的工作习惯已经养成了，这就是大流程。

接下来讲一下年度营销流程。人无远虑，必有近忧，所以每年年底学校都应该对第二年进行全年营销规划。例如，校长要思考要想新开一个校区，校区开办前一百天该怎样预热，才能够实现学生爆满。除此之外，在儿童节、母亲节、元宵节等节日，学校要做什么样的活动来招生？活动亮点是什么？预期目标是多少？转化目标是多少？请各位校长记住，做任何事情都必须提前进行规划。一旦把这些工作固定下来，你会发现效率大大提高了。

第二步，组建并完善、细化自己学校每一项工作的小流程。把每一个工作板块细化,例如,要做母亲节活动,第一步做什么,第二步做什么。首先要有活动的文字稿,把活动具体怎么做、目的是什么、原理是什么、怎么去推广,全部写出来。其次,要对员工进行话术培训,例如,邀约家长、让家长报名的话术。然后,需要设计宣传单和体验课的流程,最后收尾复盘。

这里有几点需要注意。

第一,在细化工作时,一定要确保是可以落地实操的。第二,要进行团队演练,例如,组织一个模拟活动,让邀约能力强的员工和邀约能力弱的员工两两搭档,互练一遍。再抽两名邀约能力较强的员工上台展示,目的是向其他员工展示标准的流程及话术,再抽新人及业务能力较差的员工,让他们讲述从中学到了什么。然后让员工进行两两互练,最后你就会发现,大家对流程都很熟悉了,这就是小流程。

第三步,为大流程和小流程配套落地和执行考核的工具。例如,设计每日数据汇总模板,列出每日的电话拨打总量、有意向上门的客户量、收取的定金金额、退费金额等,这个模板能够体现大流程和小流程的执行情况。每周数据汇总模板包含本周拨打电话总量、意向上门的客户量、付全款人数等。月度汇总模板包含本月支出、续费情况、任务完成情况等。

在大流程和小流程有了配套工具后,由帕金森定律引发的现象便很少出现在学校中了。

第十八章

标杆管理法

如何对标对手及设立标杆员工?

本章为大家分享一个管理方法，标杆管理法——如何对标对手及设立标杆员工。

标杆管理法由美国施乐公司于 1979 年首创，西方管理学界将其与企业再造、战略联盟并称为 20 世纪 90 年代的三大管理方法。标杆管理法较好地体现了现代知识管理中追求竞争优势的本质特性。那标杆管理的定义是什么呢？标杆管理是以在某一项指标或某一方面竞争力最强的企业或行业中的领头企业作为基准，将本企业的产品、服务管理措施、相关实践的实际状况与该基准进行定量化的评价比较，在此基础上制定和实施改进的策略和方法，并持续不断反复进行的一种管理方法。

从宏观上来说，任何学校、企业都必须进行对标

京东对标了阿里巴巴，百度对标了谷歌，德克士对标了肯德基，大型企业之间尚且如此，更何况教培机构。所以我们在这里提出三个理念：一学，二随，三超越。学学别人做得好的地方，例如，别的机构是如何招聘的？有哪些招聘的渠道？别的机构的招聘广告是怎样的？工作流程是怎样的？薪酬体系是怎样的？但我不建议校长把对标的对手选为好未来和新东方，应该对标与你的机构模式相近且与你的机构处于同一城市的其他机构，"春江水暖鸭先知"，因为离得

近，所以能很好地了解不远处的其他机构的服务、招生、员工培训情况。当然最重要的是超越。就是我知道你怎么做，我要找到比你做得更好的方法，要比你做得更极致，这就是差异化。

标杆管理有两大落地策略，第一，招聘龙头学校的员工。对学校来说，想要了解对标对手怎么进行管理、教学、服务，其实最好的方法就是招聘对标学校的员工。从他们身上，我们可以得到很多经验。第二，利用"三元法则"，实现弯道超车。"三元法则"为用户的痛点、对手的弱点、自己的优点。通过"三元法则"，找到自己和别人不一样的地方。

如何超越对手？例如，对标学校收费高，家长承受不起，这是家长的痛点。那对标学校的弱点是什么？学校开在商场里，房租成本过高，导致课程价格比较高，成本高就是其弱点。对此，我们可以采用四种策略。第一，降低成本，走小而美的路线。社区、超市在哪里，学校就建在哪里。不到商场里去，降低房租和运营成本。第二，让教学质量有保障，聚焦优质产品，让客户形成心理定位。例如，选空调就选格力空调，选豆浆机就选九阳豆浆机。让学校的某一学科和学校名称画等号，提升学校的品牌影响力。第三，在保障教学质量的前提下，与家长签约，若孩子的成绩没有提高，学校就给家长退款。第四，设计"尖叫定价"。例如，对标学校的课程价格非常高，为15000元，那你的学校可以推出1500元一学期的课程，用"尖叫定价"迅速占领市场。记住，学校不要降价，而要定价，要掌握定价权。

从微观上来说，学校可以设立标杆员工，其是全体员工的榜样

心理学研究表明，人具有模仿性，人的大部分行为都是模仿行为，而榜样则是产生模仿行为的关键。榜样发挥着重要的示范、激励作用。

具体的落地策略有四点。第一，设置标准。这个标准可以是业绩的冠、亚、季军，也可以是非业绩方面的标准，例如，正能量之星、服务之星、爱心大使等。第二，为榜样起一个有影响力的名字。例如，业绩冠军标兵、正能量标兵、学习标兵等，号召更多的员工向他们学习。第三，让榜样为其他员工做培训。通过经验分享，让更多的员工看到榜样的力量。第四，留荣誉。为这些当选的榜样做海报，还可以专门在一面墙上展示名人堂。凡是入选的员工，他们的照片都可以挂在上面，让员工更有荣誉感。通过这些策略，让员工找到自己对标的榜样。学校还可以在团队中采用两两 PK 的方法，让员工把对方当作榜样。

其实，标杆管理法还可以运用在很多地方。但无非就是六点，第一，找标杆；第二，对标，跟标杆比较；第三，分析原因；第四，制定策略；第五，实施策略；第六，分析实施的效果。大到企业、学校，小到员工及课堂管理，标杆管理法无处不在。

第十九章

蘑菇定律

如何帮助新员工快速成长？

蘑菇定律指的是组织或个人对待新进者的一种心态。因为新进者常被置于阴暗的角落、不受重视的部门，做一些跑腿打杂的工作，有时还会受到无端的批评、指责，甚至是代人受过，不但得不到必要的指导和提携，反而会快速萎缩，组织或个人任其自生自灭。这种情况与蘑菇的生长情景类似，因此被管理学家称为蘑菇定律。

那蘑菇定律的意义是什么呢？蘑菇生长需要养料和水分，但同时也需要避免阳光的直接照射。所以要关注蘑菇的生存环境，适当地给予关怀，不要过分施压，才能让其有良好的成长空间。很多校长都会犯这样的错误，新员工刚入职，能力相对比其他人强一点，校长就经常对其进行夸赞、表扬。这时，老员工就很可能觉得不舒服。有时候，新员工也需要"避免被阳光直接照射"，但是也需要足够的养分和水分，所以要避免过于频繁地表扬新员工。过早对新员工委以重任，实则等于拔苗助长。另外，养分必须充足，要对新员工进行培训，让新员工轮岗，有助于人力资源转变为人力资本。

管理新员工，有三大重要策略。

第一，百日汇报制度。

我们招聘到一个比较优秀的员工，要让他快速成长，我们可以要求他每天早上提前十分钟上班，汇报今日必须做的五件事，做这五件事的顺序，以及为什么要这么安排。每天下班前十分钟，他需要汇报今日必须做的五件事的完成情况，做得好与不好的地方，没完成的原因，以及如何解决问题。

　　管理新员工不要怕麻烦。其实新员工刚加入一家企业的时候，往往非常热情，充满能量，迫不及待地想要施展自己的才华。但是如果没有相应的规范，没有人带领他成长，他就很容易走弯路，也很容易被老员工的负能量吞噬。所以，针对我们想重点培养的新员工，不妨采用这种方法。如果你的学校已经足够大，校长无法亲自带新员工，那你可以让他的主管、经理、其他上级领导来做这件事情。其实，通过这种汇报制度，不仅可以培养新员工，让其快速成为中流砥柱，还可以反向促使新员工的上级领导提升管理能力。坚持一百天，上级领导每天认真思考新员工的情况，管理层的工作也会更加完善、标准化。

　　第二，先态度，再技能。

　　谨记：态度不对，技能白费；态度是本性，技能是可以后天培养的。在试用期，我们一定要让新员工去承担一部分态度类的工作，通过这些态度类的工作考察他。什么样的工作是态度类的工作呢？就是那些不需要有多强的能力就可以完成的工作，也不需要员工有多熟练的技能，只要态度端正就可以做到。例如，可以让新员工担任早会的主持人，只需要态度端正，提前一天准备，在家里认真模拟，那第二天，新员工主持的早会就一定很精彩。如果你提前安排新员工第二天主持早会，结果一塌糊涂，则新员工的态度很可能有问题，这种员工不能委以重任。态度类工作还有很多，例如，撰写放假通知，管理学员档案，制作 DM 单，统计学员的出勤率。我们不妨让新员工做这些工作，等他变成老员工，再把这些工作交给下一批新员工。通过这些工作，就可以了解哪一批员工或哪一个员工态度最端正，能力提升得最快。

解决了态度问题，再说说技能。要让新员工参加技能类培训，还要进行演练。我们不仅要把话术教给新员工，还要找老员工和新员工进行两两对练，通过演练提升新员工的能力。就像军事演习一样，不能只有理论，还要实操演练。我们还要对新员工进行考核。新员工在试用期能不能真正通关，只能通过考核来检验。最后，判断新员工能否转正，一定要与态度相结合。技能再熟练，态度不端正，则不能转正；态度比较好，技能差一点，就可以考虑为其转正。因为态度是本性，技能是可以后天培养的。

第三，设计一个能让新员工增强信心、获得成长的产品。

有一家培训机构把其最优秀的老师的讲课视频做成了一套光盘，原价 2999 元，却只卖 299 元。这套光盘只有试用期的员工有资格出售，只要转正了，就没有资格出售了。光盘只卖 299 元，卖出的钱全部归员工，机构赚不到钱，为什么还要设计这个产品？其实，设计这个产品背后的逻辑就是，让新员工能够很容易地把这个产品卖出去，增强信心，同时能够赚一笔钱。假如一个月卖出十套，他就可以拿到接近 3000 元的提成，加上底薪就可以拿到近 7000 元，新员工自然就"活"下来了。而且通过卖光盘，新员工获得了大量客户及销售经验，就能够更好地成长。

学校该如何落地呢？我们不妨设计一个价值 1999 元一个月四次的短训课程，将其交给处于试用期的新员工，让他以 199 元的价格出售。很多校长反馈，很多人都只是蹭一下这个 199 元的引流课，后期标准课的转化率太低。我们不妨转变思维，引流课不只是为后面的标准课服务，其还有一个非常重要的作用，就是让新员工能够卖出去，增强新员工做销售的信心，让他们能够获得高奖金和高提成，让他们先"活"下来。在整个过程中，那些蹭课的人并没有对学校造成太大影响。另外，还有一定比例的学生会报名后面的标准课。既能招生，又能够让新员工"活"下来，何乐而不为呢？当然，我们也可以把购买199元课程的这些客户分为A、B、C、D四类。A类和B类客户极有可能报名后面的标准课，需要多加关注。C类和D类客户的期望值较低，可以较少关注。

我们举这个例子只是抛砖引玉，学校可以让新员工出售家庭教育的课程光盘、体验课的光盘，以及校长自己写的书籍等。教学老师通过这样的产品得到实践机会并获得了课时费，招生老师通过这些产品获得了提成、奖金。新员工都"活"下来了，能力也得到了提升，对后面的工作大有帮助。所以当我们换一种角度去思考的时候，就会发现引流课的价值非比寻常。

让新员工能够"活"下来并获得成长的产品，有以下三个特点：第一，性价比高，容易出售；第二，成本不高；第三，容易成交。校长要记住，新员工的信心就是其成长的基石。

第二十章

激励系数法则

如何分配奖金，才能让员工如狼似虎？

我们首先介绍什么是激励系数。在我的线下课中，总有校长问我："教培行业招生老师的提成比例为多少比较合适？"这里所提到的提成比例不同于我们要介绍的激励系数，但是它们有着千丝万缕的联系。

在教培行业，有没有招生老师的提成比例标准呢？很多校长说，最高不能超过 10%，最低不能低于 5%。实际上，提成比例是没有统一标准的。那激励系数到底是什么呢？即按比例拿销售提成。听上去很简单，但这个比例该怎么定，大家可能未必了解。若提成比例定低了，激发不出员工的动力；若提成比例定高了，员工容易形成"懒汉"思维，如何定才合理？

销售金额 × 提成比例=提成金额，这三者应该先确定哪一个？很多人认为，当然是先确定提成比例，因为这代表学校和销售团队间明确的、不可反悔的"分钱承诺"，也激励着销售团队为自己的利益努力工作。但其实先确定提成比例是有问题的，这是大家的一种误解。真正激励销售团队的是他们最终实实在在拿到钱时那种被激励的感觉，而不是提成比例的高低。

例如，员工的基本工资是 3000 元，他拿到多少提成，被激励的感觉会比较强烈？若提成比例是 10%，员工完成 1000 元的业绩，最终提成也只是 100 元，而这 100 元对他的激励就比较弱，员工不会为了这 100 元而拼命工作。

如果员工能拿到 1500 元的提成，就会心潮澎湃；如果能拿到 3000 元的提成，就会加班加点完成工作；如果能拿到 5000 元的提成，就会拼尽全力完成工作。

但同样的 5000 元提成，能让每月基本工资为 50000 元的员工有被激励的感觉吗？恐怕很难。

显然，被激励的感觉的强弱有一个锚点，而这个锚点就是员工的基本工资。提成相对于这个锚点的比率越高，员工的被激励的感觉就越强。我们把这个比率叫作激励系数。

激励系数 ≠ 提成比例。激励系数以基本工资为锚点，而提成比例以业绩为锚点。

举个例子，假如招生老师的基本工资是 3000 元，当提成也是 3000 元时，激励系数就是 100%；当提成是 1500 元时，激励系数就是 50%；当提成是 6000 元时，激励系数就是 200%。而提成比例以业绩为锚点，老师把业绩做到 20000 元，提成比例为 10%，提成就是 2000 元。因此，激励系数和提成比例的锚点不一样，结果就不一样。

激励系数以基本工资为锚点，而提成比例以业绩为锚点。大家可以思考一下，自己学校的提成以什么为锚点。

当我们设计一个激励方案时，首先要确定的是激励系数，而不是提成比例。越是新创办的学校，越是需要如狼如虎的招生团队，激励系数就应该越高。

真正激励员工的是一种感觉，这种感觉并非来自提成本身，而是来自激励系数。

想跳槽的员工不会因为提成比例从 5% 升到 12% 就不跳槽了，但如果把他的提成从 2000 元升到 5000 元，他就不跳槽了。

我们明确一下：激励系数=提成÷基本工资。激励系数达到 50%，员工才会有被激励的感觉；激励系数达到 100%或更高，员工被激励的感觉会非常强。

所以，基本工资不一样，激励系数、提成比例就应该不一样；课程定价不一样，激励系数、提成比例就应该不一样；收费模式不一样，提成比例就应该不一样；招生的难易程度不一样，提成比例就应该不一样。

因此，每个学校的提成比例不会完全一样，但激励系数应尽量设置在 100%以上，让员工有强烈的被激励的感觉。

落地策略如下：先确定激励系数，再确定提成比例。这里有两个建议，第一，对于新市场，激励系数最好为 80%至 150%；第二，对于成熟市场，激励系数最好为 100%至 200%。

举个例子，一家学校的市场人员的基本工资是 2000 元，激励系数为 80%至 150%，每月提成约为 1600 元至 3000 元，按照学校的收费模式及招生现状，市场人员月平均业绩为 20000 元。

1600÷20000=8%

3000÷20000=15%

因此，提成比例应为 8%至 15%。员工达成基本目标，提成为 20000 元的 8%；达成中级目标，提成为 20000 元的 12%；达成最高目标，提成为 20000 元的 15%。

提高激励系数有很多方法，可以提升客单价、改变现有的收费模式、增加产品的销售量等。

若招生工作由多人合作完成，激励系数不变，各岗位员工按照贡献程度，以相应比例共同分享提成。如：邀约占 30%、体验课占 30%、咨询谈单占 40%等。

本章介绍了激励系数到底是什么，学校要确定的不是提成比例，而是激励系数。那么，对于激励系数、提升比例，各位校长还有哪些有趣的思考呢？

第二十一章

利润提成制

如何让业绩提成变为利润提成?

本章介绍学校提成、奖金的发放制度。前文介绍过，激励系数比提成比例更重要。本章介绍如何将业绩提成制变为利润提成制。

其实，业绩提成制存在一些缺点。例如，第一，不管学校有没有赚钱，只要有业绩，就得给员工发提成；第二，员工总是认为校长赚得多，自己的提成却发得少，员工只能看见校区的业绩，却关注不到校区的利润。

图 21-1 是校区运营的四种模式。

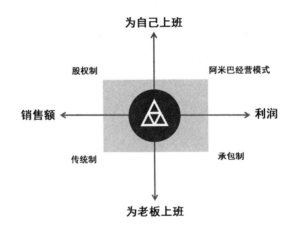

图 21-1　校区运营的四种模式

上边是为自己上班，下边是为老板上班，左边是销售额，右边是利润。

当员工关注销售额且觉得自己是为老板上班时，即为传统制；当员工关注利润且觉得自己是为老板上班时，即为承包制；当员工关注销售额且觉得是为自己上班时，即为股权制；当员工关注利润且觉得是为自己上班时，即为阿米巴经营模式。

成功运用阿米巴经营模式的企业比比皆是，例如，华为、阿里巴巴、小米、海底捞。该模式使企业管理化繁为简，企业能够快速反应。大家思考一下，新东方和好未来，谁更接近阿米巴经营模式呢？答案是新东方。

因为在新东方，校长需要负责校区运营、招生、服务和教学等一系列工作，相当于一个小阿米巴单元，每一个小阿米巴单元直接对新东方的总部负责。

为什么这种模式可以从根本上解决学校的运营问题？原因在于，它解决了员工的意愿问题，让员工的关注点从自己能拿多少提成转移到校区是否赚钱上，员工可以像校长一样思考、决策。

在解决了员工不会做、不能做的问题之后，一定要解决员工不愿意做的问题。也就是说，要充分为员工赋能，阿米巴经营模式就是让员工做老板，为员工进行赋能和赋权，这也是新一代员工的成长需求。

所以要将业绩提成制变成利润提成制，让员工从为老板上班变成为自己上班。那么，校区应该如何划分阿米巴单元呢？

在校区里，一个教务老师、一个招生老师、一个教学老师恰好组成"金三角"，能完成招生、耗课、续费工作，这就是一个阿米巴单元。此外，也可以让三个教学老师、两个招生老师、一个教务老师共同组成阿米巴单元。或者让英语老师、数学老师分别组成阿米巴单元。在利润分配上，可采取校区占三成，阿米巴单元占七成的形式。阿米巴单元内的每一个人都可以是巴长，都可以成为创始人。

在这种形式下，学校的壁垒是什么？是超强的能够帮你招生的员工。首先，学校要有超强的招生企划中心，让其做各种各样的企划活动；其次，学校可以代理更多的品牌，代理权由总部统一管理；最后，采用阿米巴经营模式进行管理。

图 21-2 是一个阿米巴模型。

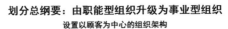

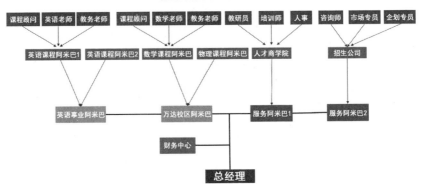

图 21-2　阿米巴模型

如图 21-2 所示，我们可以设置以顾客为中心的组织架构，让课程顾问、英语老师、教务老师组成英语课程阿米巴 1，让物理课程阿米巴、数学课程阿米巴组成万达校区阿米巴。此外，教研员、培训师、人事组成人才商学院，为其他阿米巴提供服务。咨询师、市场专员、企划专员可以成立一家招生公司，对内可以为学校的英语班、数学班、物理班进行招生，对外也可以为一些没有竞争关系的学校招生，收取其招生费，这就是一个服务阿米巴。

因此，总经理只需要带领财务中心管理好英语事业阿米巴、万达校区阿米巴、服务阿米巴，就可以实现一个校区组织架构的全面升级。在这样的阿米巴组织下，我们完全可以将业绩提成制变为利润提成制，操作方式见图 21-3。

业绩提成=基础提成+阿米巴提成（利润）

原来：一次性提成10% ➡ 现在：基础提成6%，按照以往的计发规则。

阿米巴提成：按照一学期结束后的课时消耗和阿米巴经营指标发放，
阿米巴经营指标低于80%，不计发。
达到80%，计发1%；达到90%，计发2%；达到100%，计发4%；
达到120%，计发5%；达到120%及以上，计发6%。

图 21-3　将业绩提成制变为利润提成制

从个人角度来说，原来的业绩提成是 10%，现在就可以变成基础提成加阿米巴提成。其中基础提成占 6%，阿米巴提成占 6%，总计变成 12%。但我们要进行考核，提成按照一学期结束后的课时消耗和阿米巴经营指标发放。阿米巴的利润越高，经营指标越高，员工获得的提成就越高。但如果员工离职了，没有消耗的提成就不再发放。

从团队角度来说，可以采用分红法，也叫税前利润法，将业绩提成制变为利润提成制。我们可以根据最终的税前利润提取盈利比例，若是 10%～30%，其计算公式就是阿米巴税前利润乘以激励系数，相当于该阿米巴赚钱了。利润达到一定指标，就按相应激励系数发放提成。但最好不要一次性发放完毕，我们可以按照这学期先发 50%，下学期再发剩余的 50%的方法发放，各项具体的指数要根据学校的情况进行测算。

整个阿米巴的利润怎么分配到每个人身上？由巴长来决定。首先，这种团队利润本质上不是以个人为对象的，而是以整个巴的成员为对象的。其次，个人利润提成在巴内进行确定，体现巴长的职能和价值。最后，为了巴内稳定，巴长需要与内部的员工共同确认分配方式，达成一致。

以前，校区的压力都集中在校长身上，现在分散到各个巴长身上，同时也能促进员工的成长，校长只需要进行指导就可以了。阿米巴的利润也要按照月、学期、年度进行分配，这样才能实现持续激励的效果。

第二十二章

分类奖金制

如何利用分类奖金制调动人才？

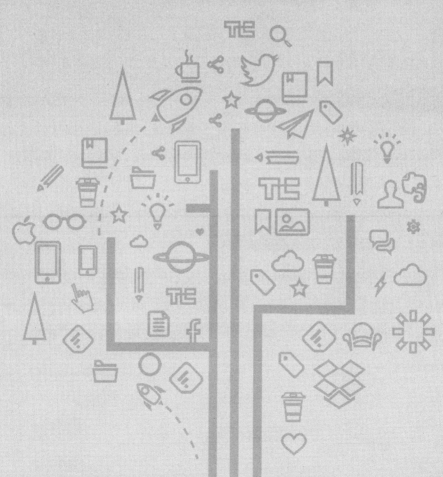

本章要和大家分享的是如何分配奖金，才能让员工动力十足。首先，我们来看一个案例。

一家学校成立 2 年有余，校长带领团队，终于让市中心的 3 个校区得到稳定发展。稳定下来后，校长打算在市中心周边布局新的校区，满怀信心的校长却遇到了烦心事。原来，员工在市中心的成熟校区，收入有保障，没人愿意去城市周边经济相对落后的地方拓展新校区。校长顿时陷入了进退两难的境地，这到底是为什么，又该怎么办呢？

这就涉及业绩提成制和利润提成制的区别。

业绩提成制的优点是简单易算，缺点是员工并不关注有无利润。利润提成制的优点是人人都是经营者，缺点是员工不愿意离开利润高的校区。

对于员工来说，好不容易将老校区的业绩提了上去，可以分得可观的提成，这时让他离开老校区去周边偏远的地方开拓新校区，他肯定是不愿意的。

我们分析提成可知，提成=业绩（利润）×系数。由此可见，提成要么和利润有关，要么和业绩有关。

在老校区，一年的业绩可能是 300 万元，利润可能是 100 万元，但是在新校区，可能一年只有 100 万元的业绩、30 万元的利润。在系数不变的情况下，让员工到周边去开拓新校区，收入会降低，很少有人愿意去。

这时会有人提出疑问，提高系数不就可以了吗？但我们并不能这么做。因为提高系数容易，下降可就难了。更重要的是，系数提高后，员工的收入增加了，但是学校的利润可能会受到较大影响。这时，我们就要采取新策略，即分类奖金制。

因为新老校区的团队、市场、环境不同，要想调动员工，仅靠增加提成是不够的，所以要执行分类奖金制。

什么是分类奖金制呢？

原来的收入=工资+提成；现在的收入=工资+奖金。

我们要设置一个目标，可以是业绩目标也可以是利润目标，只要员工达到目标，就能得到相应的奖金。好的校区设置的目标可以相对高一点，差的校区设置的目标可以相对低一点，但最终奖金都是相同的。

收入的总量是可控的，变化的是我们设置的目标，这样就控制了成本，自然也控制住了整个学校的利润。

例如，在老校区达成 300 万元业绩获得的收入与在新校区达成 100 万元业绩获得的收入相等，这样员工自然就愿意去开拓新校区了。

假如新校区员工的年薪是 10 万元，我们要明确在这 10 万元中，工资和奖金如何分配。

工资占 80%，奖金占 20%，这样分配显然激励力度不够。工资占 20%，奖金占 80%，这样显然留不住员工。工资与奖金的比例最好是 5:5 或 4:6。

例如，员工在老校区完成 300 万元的业绩，能获得 4 万元奖金；在新校区完成 100 万元的业绩，也能获得 4 万元奖金。

随着校区越来越完善，目标可以适当调整，但新校区与老校区的奖金应保持平衡。

这就是分类奖金制，其采用了"目标管理"的理念。

业绩提成制关注的是业绩，利润提成制关注的是利润，分类奖金制关注的是目标达成率。这三种激励方法关注的方面不同，学校在不同发展阶段，应该采取不同的方法。

当学校从发展阶段进入快速裂变阶段时，要从利润提成制变为分类奖金制；在创业阶段，应使用利润提成制。

那么，从利润提成制变为分类奖金制，学校应该注意哪些方面？

第一，目标设置需要合理。管理者在拥有了"目标管理"的权利后，会本能地认为：满分为 100 分，员工也许能达到 30 分；满分为 30 分，员工说不定连 10 分都达不到。因此，目标切忌过高，否则会让员工觉得太难达成，从而丧失斗志。

第二，奖金分布应均匀。要把奖金均匀地分解在销售指标中，就像在面包片上均匀地涂上果酱。这种"果酱式"奖金，会让员工对指标不再畏惧，因为每"咬"一口，都有"果酱"。

我们具体应该怎么做？若销售指标完成度为 60%~100%，员工即可获得奖金。如果员工连 60% 都完成不了，说明其在领任务时态度消极，压根就没想过完成任务。

本章介绍了分类奖金制，在此强调值得校长关注的几个要点。第一，为不同校区设置不同的销售指标，用分类奖金制代替利润提成制；第二，用调节销售指标的方式来"排兵布阵"；第三，目标设置需要合理；第四，奖金分布应均匀。

第二十三章

蒙古军团模式

让员工从为校长招生变成为自己招生。

本章为大家介绍蒙古军团模式，让员工从为校长招生变成为自己招生。

我们先介绍一下蒙古军团的案例。一代天骄成吉思汗是史上伟大的军事家之一。凡是成吉思汗马鞭所指、铁蹄所至，无不让人闻风丧胆。那么，蒙古军团是如何做到常打胜仗的呢？我们都知道，蒙古军团分布在草原的各个部落，如果他们想聚集打仗，会浪费大量人力、物力和财力。因此，成吉思汗对蒙古军团提出了一个特别的要求：要么不出兵，出兵就必须打胜仗。

在出兵之前，蒙古军团的将领会承诺士兵：只要攻下城池，就可以分到城池的部分财宝。在整个战役中，士兵是在为谁而战呢？其实，他们是在为自己而战。因为他们知道，只要把城池攻打下来，就可以分到财宝。所以，在士兵的心中，攻打城池是为了自己。

通过蒙古军团这个案例，我们可以发现两个简单的道理。第一：要想分到财宝，前提是要先把城池攻打下来。也就是说，只有完成目标，才可以获得额外的奖金。第二：为谁战斗比怎么战斗更重要。对于学校来说，员工为谁工作比如何工作更重要。

我们再来看一个理发店的案例。有一家理发店，当年的经营情况非常差。到了年底，如果不发年终奖，员工就会纷纷离职。可是临近春节，老板实在没有钱发奖金了，于是就想了一个办法，他承诺员工：在腊月二十八到正月十五这段时间，理发店每天的盈利额，只保留其中的20%作为运营成本，剩余的80%作为年终奖发放给上班的员工，并根据员工的贡献进行分配。通过这个方法，理发店获得了众多客户，员工也获得了丰厚的年终奖。

　　我给这种激励方式取了一个名字：超额激励法。我们可以利用它从多个维度激励团队，它和前文提到的奖金、提成、股权分红截然不同。超额激励法以目标为核心，员工达到目标就会得到丰厚的奖励。

　　举个例子，如果员工完成目标，我们就将员工完成的业绩的 5%或10%奖励给员工；如果员工超额完成目标，我们就可以从超额完成的部分中拿出 50%甚至 80%去激励员工。在目标完成之后，员工就会认为他是在为自己工作。因此，员工会全力完成目标，从而获得额外的奖金。

　　超额激励法有以下几种运用方式。第一，在员工超额完成业绩目标后，进行分配激励。假设这个月员工的业绩需要达到 10 万元，员工超额完成，我们就可以拿出超额部分的 50%，按照员工的贡献进行分配。第二，在员工超额完成利润目标后，进行分配激励。通过独立核算的方式，核算出员工达成的利润。假设这个月员工的利润目标是 5 万元，员工超额完成，我们就可以将超额完成部分的 50%奖励给员工。第三，在员工超额完成招生任务后，进行分配激励。假设低价班的招生目标是招 100 人，员工招的人数超过 100 人后，将收来的学费全部奖励给员工。第四，用特定时间段内的销售额激励员工。例如，在暑假期间，员工的销售额若超过 20 万元，20 万元以上的部分，全部奖励给员工。

　　超额激励法的核心逻辑是：校长只保留既定目标以内的部分，对于超出部分，预留出学校运营所需的成本，将其余部分奖励给员工，激励员工为自己工作。校长可能不太理解为什么要这样激励员工，其实，有舍才有得。假设业绩目标是 10 万元，如果不进行超额激励，则员工可能只能完成 8 万元，他们不会因为没有完成目标而羞愧。

但是，如果进行了超额激励，那么就要先达到 10 万元，再超过 10 万元，员工才能获得奖励，而奖励是员工靠自己争取到的。

只要保证了教学质量，续费稳定，学校的收入就会不断增加。校长一定要记住：员工与学校是利益共同体。员工与学校的目标可能不同，但员工与学校是互补关系，没有必要成为矛盾体。员工想要什么，学校就给他什么；学校想要什么，再让员工帮着赚回来。

落地超额激励法有几个策略。第一，明确战略方向。校长到底是要先赚钱，还是要先将校区装满？答案是，要先将校区装满。第二，确定目标。要设计两个目标，第一个是学校的总目标，第二个是个人目标，只要有一个目标没有达标，员工就分不到钱。这样做的目的是确保学校不会在亏损的情况下激励员工，也就是说，要先有钱赚，再去奖励员工。第三，在分钱时要扣除成本，老师的课时费需要扣除，人工成本和房租可以不扣除。因为在学校没有装满以前，房租该交还是要交。在老师工作不饱和的情况下，多招来学生并没有增加人工成本，而老师的课时费是唯一增加的成本。

落地超额激励法还需要注意以下几点。第一，学校总目标的设置要合理，不要过低，更不要过高，在员工基本能完成的业绩水平上上浮 20% 即可。第二，要签署对赌协议。假设业绩目标是 12 万元，员工需要先上交 200 元，愿意交这 200 元的员工，才可以享受超额激励。如果最后业绩没有达到 12 万元，则没收 200 元。第三，超额激励法不能经常使用，要在重要时刻使用。第四，奖金不要一次性发放，可以先发放 70%，再发放 30%。这样，学校始终握着一部分员工的奖金，还可以降低退费的风险。

第二十四章

金鱼缸效应

透明化经营，员工人人都是经营者。

金鱼缸效应也称透明效应，是一种极高透明度的民主管理模式。很多校长不知道自己的学校赚了多少钱，员工就更不知道了。虽然员工不知道学校赚了多少钱，但是员工知道自己的业绩是多少。业绩为300万元的员工心里会这样想："学校赚了这么多，我的工资却这么少，这不公平。"在学校经营不透明的情况下，经常会出现这种问题。

该如何实现透明化经营呢？

前文我们介绍过阿米巴经营模式，本章将细化阿米巴经营模式，让学校实现透明化经营。

具体分为四个步骤。

第一步：划分小单元，培养老板。

例如，原来以一个校区为一个单元，现在学校可以在校区内划分几个小单元。每个小单元都配一个副老板，校长自己做大老板。

学校可以将教学部作为一个单元，将市场部作为招生公司的一个单元，将后勤保障部作为服务公司的一个单元。

当然，学校也可以让一个教学老师，一个市场老师，一个教务老师，组成招生教学服务的小单元。

第二步：独立核算，激活员工。

学校应独立核算每一个小单元，通过独立核算激活我们的员工。

第三步：自主经营，二元激励。

要让经营透明化，我们可以进行分红，激励小组的成员。让员工真正为自己工作，知道自己赚了多少钱。

第四步：通力合作，打造平台。

既要分得出去，又要合在一起。分不是目的，合才是最终目的。要通力合作，打造平台，校长才可以实现平台化运营。在这个平台上，有很多小单元。

其实，阿米巴经营模式与传统家庭的分家有着相同的逻辑。

父母把孩子辛辛苦苦拉扯大，老大、老二两个儿子都结婚了，这时，为了让他们的小日子过得更好，就会进行分家。老大和媳妇分出去，老二和媳妇分出去，剩下父母一起住。一个大家庭分成了三个小家，这就是分。

之后，三个小家庭各过各的日子，自己赚的钱自己花。父母也会帮着老大和老二带孩子。过年的时候，全家人会聚在一起吃年夜饭，这就是合。

阿米巴经营模式就是通过分散，把一个大的校区分成几个小的校区，每一个校区各自独立经营。

接下来我们介绍一下三个奖金包。

大家记住，是奖金包而不是绩效工资。因为绩效工资是要用来考核员工的，而奖金包是额外的。例如，一个阿米巴小组的年利润约为10万元，超过10万元的部分，就分配给小组成员。

第一个是目标达成奖金包。

学校要求阿米巴小组的业绩在一年内要达到 200 万元，如果达到了，就可以提取一定比例作为奖金。例如，业绩指标是 10 万元，只要阿米巴小组完成了 10 万元的业绩指标，就可以提取一定比例作为奖金。假设比例为 3%，奖金就是 3000 元，按月发放。

奖金该如何分配呢？

如果能分配 1 万元，则巴长可以分到 5000 元，两个组员可以一人分到 2500 百元。如果只能分配 1000 元，则巴长自己可能一分都不要，两个组员一人 500 元。巴长若是没有这种格局，组员很可能不再跟着你干了。

第二个是学期利润奖金包。

目标达成奖金包按月发放，学期利润奖金包按学期发放。学校把每个学期一定比例的利润作为奖励，分配给阿米巴小组。

例如，员工完成了学期的利润指标，学校拿出 30%奖励给员工。但是不要一次性足额发放，而是分次发放。等这学期结束了，本来要发 1 万元，我们可以先发 50%，然后等下一学期再补发剩余的 50%。下一学期也是如此，先发 50%，剩下的 50%过一学期再发放。

第三个是年度超额奖金包。

将年度超额获得的利润奖励给阿米巴小组，不要一次性发完，我们可以分三年来发。第一年年底发放 50%，第二年年底发放 30%，第三年年底发放 20%。通过这种阿米巴经营模式，每一个学校都分成了一个个小单元，自主经营，独立享有奖金。

图 24-1 是三类奖金包的落地模板。

三类奖金包	考核依据	奖金比例	发放周期	发放策略
目标达成奖金包	完成月度业绩指标	业绩×3%	按月	足额发放
学期利润奖金包	每学期完成利润指标	利润×30%	按学期	分两次发放
年度超额奖金包	超额完成年利润指标	超额利润×60%	按年度	分三次发放

图 24-1　三类奖金包的落地模板

既然要分配利润，那每一个阿米巴小组就应该核算出自己的利润，真正实现自主经营。图 24-2 是一个经营会计报表模板。

		单位：万元
销售额		**100**
变	销售提成	10
动	课时费	32
费	宣传费及奖品	4
	合计	**46**
边界利润		**54**
固	人工费	20
定	办公场地的租金	10
费	社保	5
	其他	3
	合计	**38**
经营利润		**16**

图 24-2　经营会计报表模板

首先，大家要明确两个费用，第一个是变动费，第二个是固定费。变动费指的是费用的增长和销售额成正比。例如，销售提成、课时费、宣传费及奖品。

固定费就是整个费用中不会随着销售额的变动而变动的部分。例如，人工费、办公场地的租金、社保等。

经营会计报表很简单，要有销售额和变动费，销售额减变动费就等于边界利润。边界利润再减去固定费就等于经营利润，也就是最后的利润。大家要注意，办公场地的租金、水费、电费、物业管理费等需要进行分摊。

这些对外缴纳的费用有一些要分摊到各个小公司。例如，房租是一个月 2 万元，有四个小公司，那每个小公司每个月要分摊 5000 元，要把这些分摊的费用进行计算。

有的分摊费用是固定费，如装修费等。有的可能是变动费，如印刷费、电话费、交通费、课时费等。这些费用是哪一个小公司产生的，就在哪个小公司里分摊。

场地费、水费、电费、物业管理费等，根据每一个小公司的人数进行分摊。所以，销售额减变动费就等于边界利润，边界利润再减去固定费就等于经营利润。而这个经营利润用于考核每一个阿米巴小组。

变动费是高了好还是低了好？变动费越高越好，因为变动费越高，就证明销售额越高。但是变动费率呢？变动费率越低越好，变动费除以销售额的结果越低越好，证明我们每花 1 元，产生的销售额更高。

固定费是高了好还是低了好？不高不低最好，因为低了表示学校规模不够，高了表示学校有浪费。所以，变动费在变动费率不变的情况下越高越好，而固定费不高不低最好。

接下来我们就会面临一个新的问题，内部的业绩可能会变差。例如，英语阿米巴的老师去教了数学课，费用该算在英语阿米巴里还是数学阿米巴里呢？

这个时候就有了内部交易，培训机构有三种内部交易方法。大家先记住前提，本巴所有员工的工资、福利、社保等全部计入本巴的变动费或固定费里。

第一种叫销售采购法。英语老师转介绍了数学课程，业绩该算在谁的头上？很简单，五五分。原来想上英语课的孩子被介绍去学了数学，产生了 1 万元的业绩，英语阿米巴和数学阿米巴各分 5000 元。

第二种叫时间采购法。英语老师被数学阿米巴借调到他们这儿来上课。在这种情况下，工资该怎么分配？

数学阿米巴产生的客销，30%归英语阿米巴，剩下的 70%归数学阿米巴。该由谁给这个英语老师发工资呢？当然是数学阿米巴。所以数学阿米巴产生了 1 万元业绩，英语阿米巴分到 3000 元，数学阿米巴分到 7000 元，这 7000 元里还要包括给这个英语老师的课时费。

第三种叫服务采购法。例如，阿米巴要求人事招一名老师，可以约定，招一名老师，费用为 500 元，招一名中层管理者，费用为 1000 元。

再如招生团队成立一家招生公司，对外招生 1 万元一天，对内招生 7000 元一天。

各位校长要记住，学校的其他固定费，如房租、水费、电费、物业管理费等，要根据人数进行分摊，这样每一个阿米巴都在自主、透明化经营了。学校如果赚到钱了，则按照三类奖金包进行分配。

金鱼缸效应可以让每个员工都成为自主、透明化的经营者。让人人成为经营者，让每个人都为自己工作，发挥更大的作用。

第二十五章

鲶鱼效应

利用阿米巴鲶鱼效应，让巴长飞速成长。

在介绍鲶鱼效应之前，我先给大家讲一个故事。挪威人喜欢吃沙丁鱼，尤其是活的沙丁鱼。市场上活鱼的价格要比死鱼高很多，所以渔民总是想方设法把活的沙丁鱼带回渔港。虽然渔民试过多种让沙丁鱼存活的方法，但是绝大多数的沙丁鱼都会在途中因缺氧而死。

在诸多渔船中，唯有一条渔船总能让大部分沙丁鱼活着回来。船长严格保守秘密，直到船长去世，谜底才最终被揭开。原来，船长在装满沙丁鱼的鱼槽里，放了一条以沙丁鱼为主要食物的鲶鱼。鲶鱼进入鱼槽后，由于环境陌生，便四处游动。沙丁鱼见了鲶鱼，十分紧张，于是四处躲避，加速游动。就这样，问题迎刃而解了。这就是著名的鲶鱼效应。

鲶鱼效应告诉我们，鲶鱼在威胁沙丁鱼的同时，也激活了沙丁鱼的求生能力。鲶鱼效应也可以应用在学校管理上，这种方式的本质是一种负向激励，可以激发团队潜力，提高团队的产能。

在使用阿米巴经营模式的过程中，我们也会用到鲶鱼效应。我们都知道，阿米巴小组必须有一个领导者，这个人就是巴长。在阿米巴小组里，没有主管，也没有经理和执行校长，只有一个巴长。各个阿米巴小组以巴长为核心，自行制订阿米巴小组的经营计划，并依靠全体阿米巴成员的智慧和努力来完成经营目标。

在完成经营目标之后，每一个阿米巴小组都可以进行分红，让每一个成员都觉得工作是为了自己。在这个过程中，巴长尤为重要。巴长并非传统意义上的经理或主管，经理或主管要对上级负责，对下级沟通。而巴长则是要对自己负责，对阿米巴小组的组员负责，所以他们的权利是不一样的。经理和主管是中层领导，而巴长却是"二老板"。

例如，淘宝和京东上的网店经营情况很好，网店自己能够盈利，淘宝和京东也能够获得更多的佣金。其实学校的老板就相当于淘宝和京东，而校区校长就相当于各个网店的老板，他们就是阿米巴小组的主要经营者。因此，巴长要理解和掌握阿米巴经营模式，掌握财务核算和成本控制方面的知识。

巴长的核心工作是经营而不是管理。巴长有四大权利：第一，现场决策权；第二，组织领导权；第三，人事选择权；第四，激励分配权。

巴长利用这四大权利，可以让团队形成鲶鱼效应，具体方法如下。

1. 破巴

学校可以规定，如果各个阿米巴小组连续三个月或累计五个月没有完成经营指标，那么这个阿米巴小组就要破巴。破巴之后，巴长可以重新组建新的阿米巴小组，继续经营新的阿米巴小组，老的巴员就分流到其他阿米巴小组。因为有破巴规则，所以这会倒逼巴长和巴员全力以赴，做好阿米巴小组的经营和管理工作，完成经营目标。

2. "成人礼"

如果阿米巴小组连续三个月或累计五个月完成了经营指标，那么这个阿米巴小组的巴员就可以参与"成人礼"了，凡是参与过"成人礼"的巴员都有资格做巴长。如果巴长再培养出 3 个及以上的巴长，则自己就可以做大巴长。这样不仅可以实现人才的培养和裂变，还可以畅通晋升渠道，更有利于阿米巴小组的发展。

3. 自破巴

阿米巴小组如果既没有获得参与"成人礼"的资格，又没有达到破巴的条件，而是处在中等水平，该怎么办呢？这时就只能实行自破巴了。

如果阿米巴小组成立六个月以上，且有超过半数的巴员自愿选择破巴，那么这个阿米巴小组自动解散。这时，自破巴的巴长和巴员的级别不变，但可以通过双选的形式成立新巴，同时也可以重新寻找自己比较认可的人，让其做新的巴长。没有双选成功的巴员，将被淘汰出局。这就是鲶鱼效应，这一整套机制会迫使巴长和巴员不断努力，唯有这样才能够不被淘汰。

那么巴长的主要权利是什么呢？

第一，负责在微信群里对各个阿米巴小组的 PK 结果进行排名。这样做是为了树立标杆，让那些落后的阿米巴小组的巴长感到危机。如果排名靠后，则自己的组员就有可能选择破巴，然后加入别的阿米巴小组。如果排名一直靠后，则有自破巴的危险。这就倒逼巴长和巴员团结拼搏，达成目标。

第二，负责阿米巴小组的奖金分配。假设在阿米巴小组中，有 1 名巴长，2 名巴员。这个阿米巴小组赚了 1 万元，巴长获得 5000 元，2 名巴员各获得 2500 元，这本身是没有问题的。可如果其他的阿米巴小组赚了 10 万元，巴长获得 50000 元，巴员分别获得 25000 元，相比之下，之前领了 2500 元的巴员就会觉得不平衡。如果第一个巴长格局够大，把自己应该获得的 5000 元全部分给自己的巴员，让每个巴员分到 5000 元，这时，该组巴员虽然比其他巴员赚得少，但还是愿意跟着懂大局、有大爱的巴长一起工作。这样，可以提高阿米巴小组的凝聚力和向心力。

第三，如果巴长培养出来的巴员成为新巴长，重新成立了新的阿米巴小组，那么，老巴长将连续一年获得新巴长个人奖金的 10%。相当于新巴长把培养费给了原来带领自己的老巴长。

第四，因为破巴导致巴员全部离开，那么只剩巴长一个人了，这时，允许个人巴的存在，但是原则上不超过三个月。在三个月的时间里，巴长一定要想尽一切办法吸引更多的巴员，形成一个真正的阿米巴小组。

通过上述方法，巴长和巴员就会充满活力，原因如下。

第一，逼迫巴长快速成长。如果巴长没有能力，那么巴员随时都可以离开。如果巴长有能力，巴员就愿意跟着他一起干。

第二，逼迫巴员快速成长。因为巴员将来也要做巴长，能力必须强，才会有人追随。巴长要帮巴员赚到钱，这样巴员才会跟着自己干。

第三，经营透明化。整个阿米巴经营模式都是透明且可控的，各个巴员对阿米巴小组的业绩和利润一清二楚。

第四，阿米巴小组会随着成长快速分裂。巴员参与"成人礼"以后就有了做巴长的资格，可以重新组建新巴。因此，阿米巴小组的成长会推动阿米巴小组实现裂变。

通过鲶鱼效应，我们可以培养出大量的巴长，让他们带着自己的阿米巴小组去开设一个又一个小分校，小分校最好在主校的 3.5 公里以内，争取在区域内领先。

假如巴长成为学校里的"大鲶鱼"，帮助巴员实现快速成长，学校的发展就能够更持久。

第二十六章

游泳池法则

家长凭什么选择你的学校？

本章介绍一个特别有意思的法则：游泳池法则。有游泳池的健身房比没有游泳池的健身房更有竞争力。A 健身房有体能测试区、力量训练区、有氧训练区、综合训练区、游泳池。B 健身房同样有体能测试区、力量训练区、有氧训练区、综合训练区，但是没有游泳池，只有一个奶茶店。你会选择去 A 健身房还是 B 健身房呢？答案显而易见，很多人都会选择去 A 健身房，因为可以在健身之后游个泳，放松一下。在健身完之后，我们总不能去点一杯奶茶，再给自己增加一点热量吧。这其实就是游泳池法则。

游泳池法则同样适用于学校。例如，一家早教机构没有沙坑，也没有海洋球；而另外一家早教机构有专门的沙坑和玩具供孩子玩耍，家长更愿意选择哪个机构呢？在价格相同、地理位置相同的情况下，家长更愿意选择有沙坑的这家早教机构。

对于普通的教培机构来说也是一样的。家长更愿意选择有图书馆、亲子阅读区的学校还是没有这些设施的学校呢？显然，有相关设施的学校更容易被选择。新加坡、日本的很多教培机构，会在学校大厅提供专门供孩子玩的桌游。虽然玩耍不花钱，但是孩子需要留下完整的家庭信息和联系方式。国内很多教培机构会在大厅设置抓娃娃机，孩子可以通过扫描二维码免费抓娃娃。利用二维码，学校就获得了家长的信息。

我们对游泳池法则进行延伸。为了推销主课，我们一定要用各种产品来引流，促进主课实现更高的销售额，即"主课+辐课"。"主课+辅课"双拳出击，才更容易占领市场。原来学校只有英语课，现在就不能只开设英语课，要利用更多的引流产品吸引学生，最终实现主课的转化。

例如，主课是英语课，辅课可以为演讲课、作文课。通过辅课引流，最终实现主课的转化。主课是数学课，辅课可以是科学课；主课是作文课，辅课可以是书法课、识字课、拼音课、看图写话课；主课是美术课，辅课可以是书法课；主课是舞蹈课，辅课可以是跆拳道课。辅课千万不要脱离主课，要和主课有关联。例如，主课是英语课，就不要把科学课当成辅课，因为这两个科目不在同一个范畴。校长永远要记住：要靠辅课去引流，最终带动主课的转化。

"主课+辅课"有两种产品组合策略。

策略一叫作"早"。例如，小学教育机构，要把手伸到幼儿园阶段；初中教育机构，要把手伸到小学阶段，提前引流。引流产品要下沉到招生入口，提前圈定生源，为主力产品的转化储备资源。引流产品的受众年龄越小越好，以积攒更多的流量。现在很多早教机构都会和游泳馆、母婴店进行合作，这种合作就是在储备更多的资源。在资金允许的情况下，我们可以在开设早教机构之前开个母婴店，不以此赚钱，而是为了收集资料。我们可以做儿童营养餐、月子餐，目的是收集资料，为早教或托育引流。校区的核心课程、招牌和口碑，都能通过引流产品得到传播，实现主产品盈利。

策略二叫作"多"。例如，学校可以将产品分为策略产品和盈利产品。为了让盈利产品更好地盈利，学校需要利用更多的策略产品收集资料。例如，设计低价课程、普适课程（大多数人都适用的课程），还可以通过差异化定价锁定生源。例如，全脑开发机构可以研发一门14 课时、价值 100 元的注意力训练课程，以此锁定生源，这就是一种"多"的策略。依靠这种策略，增加盈利，为高定价的产品提供服务。

学校可以利用这种方法让整个链条更加完整，为盈利产品积蓄一定的资源，把课程作为生态链去运作，即事业部。事业部又分为SBU（战略事业单元）和 SDU（战略发展单元）。SBU 和 SDU 的区别为，SBU 是成熟的项目单元，SDU 是新的、不成熟的项目单元。"主课+辐课"的本质就是裂变更多的 SBU。SBU=C×F×M，C 指的是顾客需求，F 指的是业务模式，M 指的是产品特征。在 C、F、M三个要素中，任何一个要素在关键环节发生变化，都会产生新的 SBU。要先开发 SBU，再逐步划分阿米巴小组，实现"主课+辐课"。

举个很简单的例子。同样一瓶水，有多少种卖法就会产生多少个SBU。一瓶矿泉水，在麦德龙里只卖 1 元，客户的需求是量大便宜；在小卖部里却卖 2.5 元。你渴了想喝水，是跑到麦德龙买 1 元一瓶的矿泉水，还是在楼下的小卖部买 2.5 元一瓶的矿泉水？答案一定是买2.5 元一瓶的矿泉水，因为你的需求不是量大便宜，而是方便快捷。化妆品中有一种爽肤水，其成分不复杂，一瓶卖 100 多元，但是很多女孩子照样会买，因为需求是变得美丽、漂亮。

再举一个生活中的例子。要想让头发柔顺，你可能会买飘柔洗发水。要想去头皮屑，你可能会买海飞丝洗发水。要想滋养头发，你可能会买潘婷洗发水。飘柔洗发水、海飞丝洗发水、潘婷洗发水都是宝洁公司的产品，只是把功能进行了区分，就有了不同的卖点。柔顺头发要用飘柔洗发水，去屑要用海飞丝洗发水，滋养头发要用潘婷洗发水。滋源洗发水主打无硅油，能洗头皮，这就是新的 SBU。开发全新的 SBU，不仅可以避开价格战，还是快速做大做强校区的有力保障。

朗培对 SBU 进行了设计。例如，SBU1 是卖给谁的？卖给需要打造团队的投资人。业务模式是什么？是终身制学习，校长可以带着团队终身学习，不用交学费，只需要交纳场地费。如何学习？通过线下堂课来学习。这就是一个完整的 SBU1。

我们发现，有的校长想要提升能力，要将课程卖给谁？卖给想提升自我管理及运营能力的校长。如何实现呢？利用线下九堂 EMBA 校长课，采用一加一的学习模式。把什么卖给校长呢？把 EMBA 浓缩的智慧、大咖导师的实操知识、管理运营的知识卖给校长，所以一个新的 SBU2 就出现了。

我们发现，校长来上课很辛苦，所以就推出了教育家社区，其采用线上学习的模式来进行，这就是全新的 SBU3。校长还想学习演讲，于是有了关于演讲的 SBU4。校长需要落地指导，于是有了关于落地指导的 SBU5。校长想把学校快速装满，就有了 SBU6。SBU 可以通过 C、F、M 的不断变化进行延伸。

大家可以根据自己的研究填写一下学校的 SBU，模板见图 26-1。

SBU	顾客需求（卖给谁）	业务模式（如何提供）	产品特征（卖什么）
SBU1			
SBU2			
SBU3			
SBU4			
SBU5			

图 26-1　学校的 SBU 模板

学校有众多 SBU，每个 SBU 就是一个小公司。招生团队可以组建一个 SBU，即招生公司。幼儿园的厨师可以组建儿童餐厅，对内和对外经营。学校还可以有水果店的 SBU、抓娃娃机租赁公司的 SBU、舞蹈课的 SBU、跆拳道课的 SBU。

第二十七章

基因法则

如何让学校的新课程顺利"活"下来？

我们走路的时候，讨厌开车不守规矩的人；开车的时候，讨厌走路慢慢吞吞的人；做员工的时候，总觉得公司不公平，老板很强硬；做老板了，又觉得员工总是不听话、执行力不够、工作效率低；做顾客的时候，总觉得商家的套路太多；做商家的时候，又觉得顾客冰冷无情。其实不是我们在变，而是身份在变。当身份不一样的时候，思维和认知也会完全不一样，这就是基因法则。

在学校里，你会发现，不管花费多大的力气，新的 B 课程永远比不过原来的 A 课程，这到底是为什么呢？原因是角色不同。

新的 B 课程，一是不被重视，二是定位不清，三是课程存在问题，所以很难比得过原来的 A 课程。校长很后悔，早知道就不做新课程了，白白花了这么多的加盟费和研发费。我们要想做好新课程，最重要的就是定位新课程。定位不同，课程的角色就不同，策略也就不一样。

新课程的定位往往基于四个方面（见图 27-1）。

替换型	补充型
裂变型	战略型

图 27-1　新课程定位的四个方面

第一，补充型。这是对原有产品的一种补充。例如，学校原来开设作文课，现在增加阅读课，运营逻辑是比较接近的；原来开设数学课，现在增加科学小实验；原来开设舞蹈课，现在增加跆拳道课。新的 B 课程是原来 A 课程的一种有力补充。如果 B 课程的战略定位是做补充，那么一定有一个原则：原来的老师可以胜任新课程，即增加 B 课程，原来教 A 课程的老师能够教 B 课程。否则会增加大量人力成本，导致 B 课程"流产"，也没有办法获得更高的利润。切记，如果我们要增加补充型的课程，这个课程一定是原来的老师可以教授的。这样，老师的工作更饱和，人效提高，学校的利润才能够增加，老师的收入才能够增加，B 课程才有价值和意义。

第二，替换型。新课程要替换原来的旧课程。A 课程的市场逐渐萎缩，最多只能支撑一两年，我们必须找到一个更好的课程。B 课程要慢慢地把 A 课程替换掉，我们需要采用阿米巴经营模式。A、B 课程一起运营，A 老师讲 A 课程，B 老师讲 B 课程，组成两个独立的事业部，哪个成功了，就全力扶持哪一个；哪个失败了，就逐渐将其替换，坚决"断舍离"。需要注意的是，新课程一定要符合国家政策，未来的市场要逐渐扩大；不要选冷门课程，尽可能选刚需课程。

很多机构会把全脑开发当作 B 课程以替换原来的 A 课程，这样做风险非常大。因为这需要让家长认可全脑开发的理念，且全脑开发不是刚需。另外，我也不建议直接把 A 课程砍掉，风险也非常大。

第三，裂变型。就是在原来的课程基础上开发新课程。A 课程非常稳定了，但一年最多产生 3000 万元的业绩，很难再有所提升，这个时候怎么办？我们要开发新的 B 课程，寻找新的利润增长点。小米采用的就是此方法。小米手机占据了一定的市场份额，上升空间比较小了，此时，小米将充电宝作为新的利润增长点，后续又聚焦电饭煲、扫地机器人，不断创造新的利润增长点。

要想实现裂变，有三个要求。

要求一，要组建新的团队。很多校区是这样规划的：原来有一个 A 课程，现在直接加一个 B 课程，将 B 课程作为 A 课程的补充、替代都没有问题。但要让 B 课程裂变就有问题了，裂变需要一个 A 课程、一个 B 课程、一个 C 课程，甚至更多。要形成生态链，要选出新的校区、新的团队。A 校区做美术课程，B 校区做英语课程，C 校区做跆拳道课程，D 校区做钢琴课程。

有一次我去用餐，一边是云南菜，一边是贵州菜，我纠结了半天，不知道该吃哪个。我最后选择了去吃云南菜，结账时向老板索要发票，老板告诉我到隔壁卖贵州菜的店去开发票，这两家店其实归同一个公司管理，这就是裂变型。

要求二，新团队的管理人员可以从原团队进行招募。虽然是新组建的团队，但是老员工对校区的文化、价值观十分认同。所以，学校可以招募一个执行校长、一个教学主管去搭建管理骨架，再从市场上招聘基层员工。

要求三，既然我们要寻找一个新的利润增长点，那就要有新课程、新团队、新模式、新思路。

例如，朗培 5.0 课程项目组，实施了"船长 101 计划"，为执行校长提供八日密训。新产品要想成功，就需要裂变，必须有新的团队、新的思路、新的组织架构。图 27-2 是我们的精英教官招募令。学校从原团队中招募优秀的老师来做教练，再去组建一个新的团队。

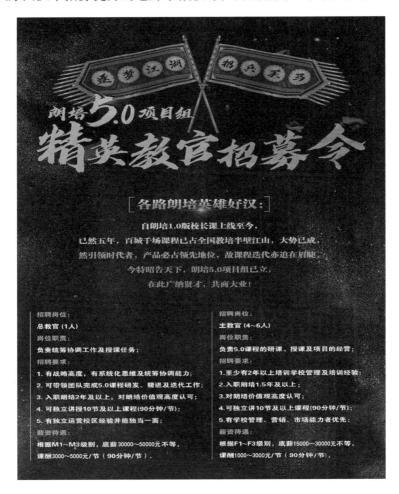

图 27-2　精英教官招募令

第四，战略型。首先，要与政策及市场契合。例如，开放二胎之后，国家大力倡导对 0 到 3 岁的孩子进行托育。为什么很多人还是不愿意生二胎？第一个原因是生不起，第二个原因是养不起，第三个原因是没人带，第三个原因才是最重要的。二孩父母往往事业有成，非常忙碌，没有太多时间带孩子，托育中心满足了他们的需求。托育针对的是 0 到 3 岁的孩子，如果校区做的是针对 5 到 12 岁孩子的少儿美术课程、少儿英语课程，可以提前下沉，收集 0 到 3 岁孩子的相关资料。我们要提前布局，思考未来的方向及布局的原因。其次，与原课程形成链条，为原课程进行服务。学校可以成立招生公司，可以对内招生，也可以对外帮同行招生。有的学校原来做美术课程，现在成立了招生公司；原来做英语课程，现在做儿童餐厅。表面上没有任何联系，背后都是有获客战略的。最后，通过布局"双师"、线上App 等，进行资本布局。产品的战略定位不一样，我们的应对策略也不一样。

学校确定策略的要点见图 27-3。

2. 看客户 续费率	1. 看产品 增长率
3. 看对手 差异化	4. 看政策、 看趋势

图 27-3　确定策略的要点

第一，看产品增长率。第二，看客户续费率。第三，看对手差异化。如果自己和对手的差异不大，那就放弃；如果差异大，就形成壁垒，快速裂变。第四，看政策、看趋势。

最后我们看一个例子。以作文课为主的学校，增加了三个新课程。第一个是阅读课，第二个是大语文双师课，第三个是幼小衔接课。阅读课的定位是进行补充，增加营收。原来的作文课只有五十个学生，现在增加的阅读课有三十个学生，老师就可以带八十个学生，老师的工作量饱和了，同时收入也增加了，学校的人力成本在降低，利润在增加。大语文双师课是一种裂变，要新开一个校区，专门来做大语文双师课。幼小衔接课是为了更好地下沉，从底层积攒客户，用低价引流，获得大量的客户，为阅读课和大语文双师课进行铺垫。在进行明确定位后，课程"活"下来的可能性会大大增加。

第二十八章

社区营销

社区活动如何做，才能人气满满？

在阿米巴课程期间，我在课间和很多校长进行交流，发现很多校长做社区活动只是和社区联合，讲讲微课，或者在学校门口发发传单、小礼物。其实，社区活动可以有多种多样的落地策略。营销招生活动的流程图如图 28-1 所示。

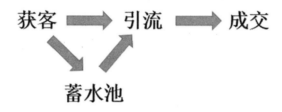

图 28-1　营销招生活动的流程图

首先是获客，然后是引流，最后是成交。在获客之后，家长并没有马上到学校来上引流课，但我们也有了一个大的"蓄水池"。这个"蓄水池"可以持续地引流，最终促成成交。我们在社区进行获客要关注三个要素：第一，选择的地点；第二，社区获客的方式；第三，礼品的设计和成本控制。

下面，我们先来介绍一下获客成本。什么叫作获客成本？用销售费用加市场费用再除以新生人数，就能知道从获得一个客户的信息到最终成交需要花多少钱，也就是获客成本。传统教培机构的平均获客成本大约 50~150 元一个人。线上教育机构的获客成本超过 1000元，最高的已经达到了 6000 元。社区是学校精准获客的"最后一公里"，很多学校的传统做法就是组织老师和市场人员到公立学校门口去做地推，但是这种方法的信任度越来越低，获客的成本也越来越高，尤其是时间成本越来越高。如果公立学校周围某小区有几个学生集中报名，我们就应该到这样的小区去做活动。现在到小区里做活动变得越来越简单了，场地费用只需要几百元，最多不超过 1000 元。

学校做社区活动具体有三种方法。第一种，街道办联合微课法；第二种，小区里活动地推法；第三种，小区群精准推广法。

我们展开讲讲。

第一，街道办联合微课法。学校所处的区域都会有街道办，只要把资料准备好，和街道办联合推出家庭教育微课是很容易的。具体资料如下：一是办学资质；二是家庭教育微课的专家团队介绍，略加包装就可以了；三是全年 12 堂课的内容；四是能展示机构实力的资料。例如，以前讲微课的视频，家长的好评截图，以及为家长提供服务的照片等。要特别注意：强大的信任背书，会让机构和社区的合作事半功倍。当我们得到街道办的认同的时候，就可以以街道办的名义做出全年的课表（见图 28-2）。

这是一家托育中心开展的活动。课表设置出来后，托育中心将其做成海报，到社区进行推广，家长可以扫描附在海报上面的二维码进入群里。通过社区背书，家长对托育中心有了更多的信任，托育中心就可以快速组建微信群进行获客，以下是相关话术。

成都高新区桂溪街道天华社区0~3岁亲子健康教育
宝爸宝妈全年成长计划

（公益免费必修课）

主办单位：成都桂溪街道天华社区
承办单位：瑞恩安亲国际托育中心

时 间	课程内容	适宜人群
八月	**把握0~3岁宝宝气质类型，让养育事半功倍** 教你准确把握孩子发展黄金期，开发宝宝潜能	0~3岁孩子家长
九月	**你在长大，我在成长，宝宝请让我更懂你** 教你了解自己的宝宝，做更合适的教育	0~3岁孩子家长
十月	**孩子需要怎样的教养环境** 0~3岁孩子家庭环境创设的技巧	0~3岁孩子家长
十一月	**玩具对宝宝是多么重要** 为0~3岁孩子玩具提供指南与技巧	0~3岁孩子家长
十二月	**聊聊"陪睡"的那些头疼事** 教你帮助宝宝养成良好的睡眠习惯	0~3岁孩子家长
一月	**"情绪三步走"搞定公共场合的"熊孩子"** 教你如何让孩子成为情绪的小主人	0~3岁孩子家长
二月	**好好吃饭——孩子人生第一堂专注力课** 教你如何让孩子养成好的饮食习惯	0~3岁孩子家长
三月	**保护孩子的好奇心，激发孩子的想象力** 教你如何利用游戏轻松激发孩子的想象力	0~3岁孩子家长
四月	**如何巧妙解决宝宝入园过渡难题** 教你如何缓解父母与宝宝的分离焦虑	0~3岁孩子家长
五月	**妈妈不是脾气不好，只是太累** 有了孩子更不能丢了"自我"	0~3岁孩子家长
六月	**你越"懒"孩子越能干，让孩子对自己负责** 0~3岁"放手"教育的好处和方法	0~3岁孩子家长
七月	**培养宝宝协调力，让宝宝四肢发达，头脑更发达** 教你科学教会宝宝运动技能，玩出聪明大脑	0~3岁孩子家长

图 28-2　全年课表

"家长您好，我们学校与××街道办联合推出了针对孩子家长的微课，都是免费的，周围小区的家长都在这个群里面。您可以加一下我的微信，我拉您进群，把课表发给您。"家长扫码之后，我们可以给他的孩子一份小礼物或一张宣传海报。通过微课进行裂变，也许我们只邀请了这个小区的一百个家长进群，但是没有关系，小区里的其他业主都可以被拉进群，将群装满。

第二，小区里活动地推法。我们选定有购买能力的小区，和物业进行商谈，确定活动费用及入驻形式。在成都这样的城市，小区人口不是特别密集，有七八栋楼的小区，活动费用大概是 500 元一天或半天；有二十多栋楼的小区，活动费用大概是 800 元至 1000 元。值得注意的是，在小区做活动不是在小区里讲微课，而是在小区里的儿童聚集区进行宣传。

小区里一般都有儿童游乐区，周末，这里往往是 3~12 岁孩子的聚集地，很多家长会带孩子出来玩。我们可以在这样的场地里摆上桌子，通过活动，让孩子参与挑战，吸引别人的注意力。活动设置如下：让 3~6 岁的孩子捡豆子；设置障碍，让 6~12 岁的孩子推轮胎，到达终点就可以获得小礼物，还可以组织孩子捐衣服、捐书、捐玩具。只要有一两个孩子参与活动，就会有越来越多的孩子聚集过来。我们还可以穿上玩偶服，吸引孩子。比较规范的小区物业，会把活动信息推送到业主群，让更多的业主和孩子参与进来，活动的人气就会更旺。

在小区里做活动，礼物设计是关键。我们可以从网上购买绘本，孩子参加活动挑战成功，就给孩子送一本。获客成本大概是 50~150 元，绘本的费用加上场地的费用，平均下来不到 3 元，获得的却是精准的客户资源。更重要的是，我们已经和家长在社区里见过面了，与其建立了初步的信任，邀约家长上门，成功率会更高。学校门口有很多机构都在发宣传单，家长很烦。在小区里只有一家机构做活动，又是在家长的生活区域里，家长就会更有信赖感。

特别注意，我们只需要让家长扫二维码，添加微信即可。告诉家长，扫码加微信，孩子不仅可以领一个小礼物，还能上一堂很精彩的课。中小学生文化课培训机构、艺体类的培训机构，可以赠送一天一夜的美术密训营、口才密训营、作文密训营。注意，不要赠送一个月上 4 次课的课程，原因是"战线"拉得越长，到场率就会越低，导致成交率大大降低。利用一天一夜的密训营，就不必担心到场率低了。上午家长把孩子送到机构就回去了，第二天要来接孩子回家，当家长接孩子时，我们就可以促成成交。

第三，小区群精准推广法。学校周围必有社区，社区必有各类群，如业主群、养狗群、蛋糕群、水果店的群、理发群、美容群、微商群、收发快递的群。我们进群后不要直接发广告，可以发送由机构和社区联合举办的微课信息。因为活动是公益性质的，可以减少群内成员的抵触心理。

我们还可以用更精准的方式获得家长信息。例如，做小升初辅导的教育机构，可以在群里发送信息："我家孩子的老师特意给了我一套小升初考前必做的试卷，我的孩子已经顺利考上了重点初中。小升初的孩子家长可以私信我，我把试卷发给你。"凡是加我们微信的，肯定是精准客户。我们还可以这样说："我家孩子读初中了，读小学时买的五十多本书，现在丢掉挺可惜的，想要这些书的邻居可以私信我。"通过这样的方式，我们就能从群里找到精准客户了。

我们总结一下关于社区获客的逻辑关系：学校生存的质量取决于学生的数量，学生的数量取决于学校的流量，流量是校长的胆量，流量是营销的翅膀，流量是利润的保障。

第二十九章

3721 法则

新员工入职的 3 天、7 天、21 天成长规划。

3721 法则，即新员工入职的 3 天、7 天、21 天成长规划。对于新员工，我们要有节奏、有计划地把他快速培养起来，并且留用。首先就是 3 天的试岗期，在试岗期学校要做到三点。

第一点，让新员工感受到良好的工作氛围，让他觉得在这里工作很开心。

第二点，多安排一些考察员工态度的工作。例如，整理学生的考勤资料及老师档案、打扫卫生等。通过观察他的工作态度，来确认他是否可以留用。

第三点，让员工感受到整个工作是科学的、有节奏的，让员工觉得在学校可以得到成长。

在过了 3 天的试岗期之后，我们就要利用七步法对员工进行培养。岗位不同，培养的内容也不同。如果是教学岗的员工，则需要培养其学科方面的能力。如果是招生岗的员工，则需要培养其招生方面的能力。

接下来以招生岗员工为例，详细讲一下培训的七步法。

第一步，也就是第一天，让员工熟悉学校的课程及卖点。如果员工把宣传单中的内容有感情地背诵下来，则其已经熟悉了学校的课程及卖点。

第二步，让员工用 2 天时间学习到访接待的知识。在接待家长到校参访的过程中，让员工介绍学校的亮点、独特的卖点和教学理念，考察员工的能力。通过实际演练，让员工通关每一个环节。

第三步，让员工用 1 天时间记忆每门课程的价格。员工带家长参访之后，需要和家长进行一对一沟通，最后一定要抛出课程的价格，实现成交。员工能否熟悉并准确地为家长描述学校课程的价格，是非常重要的考核要素。

第四步，让员工用 1 天时间来记忆活动话术。使其参与户外活动，对所学的话术进行演练。

第五步，用 5 天时间，通过外呼电话，让员工添加家长的微信好友，若效果不好，还要进行指导。在整个过程中，要把工作的过程进行截屏，例如，打了多少个电话、添加了多少个家长的微信好友，以便检验员工的工作成果。

第六步，微信邀约上门，同样要用 5 天时间。先让员工进行模拟演练，把学校的优秀老师跟家长沟通的范例展示在员工面前，对其进行培训，然后要求其按照这个范例执行。在实际工作中，可能会有很多临时性的问题。家长给员工发了一段话，员工不知道怎么回复，员工可以把家长的那段话截图，发到工作群，大家一起商量，确定了该如何回复后，再答复家长。

第七步，让员工在户外销售引流课。199 元的引流课，可以在户外实现直接销售，需要花 10 天时间，因为要演练、通关、实战、提升。

完成七步法，实际上需要 21 天到 25 天左右。通过这段时间的培训，员工要么被磨炼出来，要么就被淘汰。优秀员工一定是"磨"出来的，"泡"出来的。

这里有五个落地的小技巧。

第一，不断演练话术。学校都有谈单话术、邀约话术等，新员工刚进学校的第一个月，一定要不断地演练。即使转正了，员工依然每周、每月都要进行演练，因为话术就是"武器"。

第二，电话邀约，截图进群。我们会要求员工每天打电话邀约家长，怎么证明员工打了电话呢？这就需要把截图发进群里。现在用固定电话邀约的难度越来越大，家长看到固定电话往往会拒接。所以大多数学校会给员工发放话费补助，让员工用自己的手机给家长打电话。打了多少个电话，每个电话通话时长是多久，都有记录，都可以让员工把截图发进群里。打了一百个电话，可能只有三十个被接通，效率很低。学校对打电话的数量不做要求，而是要求打通电话的数量，员工要把打通了多少个电话的截图发进群里。学校还要考核通话时长。有时员工还没有自报家门，家长就已经把电话挂掉了。通话时长低于三十秒的，可能都是无效电话。通话时长超过三十秒，员工才有可能添加家长的微信好友或与家长聊聊学校的课程。

第三，将微信沟通记录截图进群。打电话的效果越来越差，很多学校要求员工去加家长的微信好友。通过微信和家长沟通也是有技巧的。要想了解每一个员工是如何跟家长沟通的，我们就要让员工把微信沟通记录截图，发进群里。

第四，设计邀约情况展示板。员工邀约了几个家长？每天邀约了多少个家长？邀约的孩子的姓名是什么？孩子的情况如何？下班前，员工要把当天的邀约结果写在这个展示板上，让校长知道明天要来几个家长，应该如何接待家长。把这些细节添加在展示板上，就会显得非常清楚。每月到访多少个家长？每周到访多少个家长？每天到访多少个家长？最后的成交结果如何？我们可以把这些数据核算出来，作为制定目标和分解目标的重要依据。

第五，设计业绩展示板。学校的总目标及每位员工的月目标，每周的工作完成情况，每个人的完成率，学校最终的总完成率，老师之间的 PK 情况等，都可以在展示板上展示，帮助员工更加直观地了解整个销售过程。

3721 法则就是告诉我们，优秀员工一定是"磨"出来的，"泡"出来的。

第三十章

成交法则

让招生老师 100%实现成交的策略。

我们可以利用成交法则，让招生老师在谈单中 100%实现成交，具体分为五个方面。第一方面：内心的渴望；第二方面：孩子的小骄傲；第三方面：内向孩子的突破；第四方面：调皮孩子的花招；第五方面：学习的底线。

第一方面：内心的渴望。老师具体需要做到以下几点。

第一，问孩子最崇拜班上的哪个同学。

第二，不管孩子怎么回答，都继续问他这样回答的原因。不过，孩子给出的原因其实并不重要。

第三，告诉家长："您的孩子其实特别有上进心，看到身边优秀的同学，他的内心也充满对成长的渴望。今天的钢琴课、美术课、作文课，孩子比较喜欢，您看先给孩子报一期还是两期呢？"这样的话术正是利用了家庭教育咨询要点：关注孩子内心的渴望。

第二方面：孩子的小骄傲。

具体的方法是：先询问孩子最近让他感觉自豪的一件事。孩子说什么其实不重要，重要的是，等他说完了，我们要对家长说："其实您的孩子特别想成为您心目中的骄傲。可能您平时工作太忙了，忽略了孩子。我刚才跟孩子对话的时候，发现他内心特别渴望被人关注，渴望成长。您看先给孩子报一期还是两期呢？"

这背后的家庭教育咨询要点是：每一个孩子其实都有自己的小骄傲，可能是游戏玩得好，可能是羽毛球打得好，可能是游泳游得好，可能是作文写得好。我们可以在最后指出，家长可能忽略了孩子的这份骄傲。利用这种方式，不管家长提出了什么样的异议，最后都会很容易被打动。

第三方面：内向孩子的突破。面对特别内向、不说话的孩子，怎么办呢？具体的方法如下。

第一，问孩子："你今天是自愿来我们学校上体验课的吗？是自愿的就点点头，不是自愿的就摇摇头。"

第二，问孩子："妈妈带你来上体验课，你是喜欢还是抗拒呢？喜欢就点点头，抗拒就摇摇头。"

第三，问孩子："你想成为爸爸妈妈的骄傲吗？想的话，就点点头。"第三个问题没有摇头这个选项。

等孩子点头了，老师就立即对向家长说："其实，我刚才问孩子的这三个问题，都是教育心理学方面的。我发现孩子有一点内向，可能比较认生，到了一个陌生的环境很难融入。您的孩子特别聪明，只是没有挖掘出来而已。我们学校的老师都通过了专业培养，孩子有自己独特的优势，我们有信心让孩子变得更加优秀。最重要的是，我们更懂他，给孩子选择一个懂他的学校和老师非常重要。您看先给孩子报一期还是两期呢？先签一下字吧。"

第四方面：调皮孩子的花招。

面对调皮的孩子该怎么办呢？这些孩子会在校区里来回乱跑、乱蹿、大喊大叫、调皮捣蛋，我们没有办法和他们正常交流，突破口只有家长。对于家长提出的任何异议，我们要先认同，再解释："您说的这些都有道理，但是孩子的问题不是表面上所表现出来的，而是更深层次的问题。孩子大喊大叫、来回乱跑，都是在告诉我们，他想要引起我们的关注。您平时工作太忙了，可能对孩子的教育有所忽略。我们学校的所有老师都接受过专业的家庭教育培训，非常懂孩子。我们能找到孩子不敢举手、大喊大叫、哭闹、不耐烦背后的深层次原因。您看先给孩子报一期还是两期呢？"这背后的家庭教育咨询要点是：孩子的每一个行为背后都是有原因的。

表 30-1 列举了孩子行为背后的深层次原因。

表 30-1　孩子行为背后的深层次原因

孩子的行为目的	家长的感受	家长的反应	孩子的回应	孩子行为背后的原因	孩子心底的信息	家长在其中的不良作用	家长可以怎么做
寻求关注和认可	心烦、愤怒、内疚	提醒、哄骗、替孩子做	暂时停止，但很快又回到老样子，或者换成另一种行为	1.唯有得到特别关注或特别服务，才有归属感 2.唯有让别人为我忙得团团转，才觉得自己很重要	1. 请多关注我 2. 请让我参与	1.我不相信你能面对失望 2.如果你不开心，我会很内疚	1.给孩子安排一项任务，转移孩子的注意力 2.用特别的时间，专门陪伴孩子 3.建立日常惯例表 4.避免给孩子特别的服务 5.角色扮演，训练孩子
寻求权利	愤怒、被挑战、被威胁、被打败	应战、投降、收拾孩子、我是对的	变本加厉；屈从但内心不服；看着家长或老师生气，觉得自己赢了；消极对抗	1.唯有自己主导或没有人能管，才有归属感 2.你制服不了我	1. 让我来帮忙 2. 请给我选择的权利	1. 我说了算，你必须听我的 2.当你不听话时，激励你的最好办法就是命令、说教、惩罚	1.不能逼迫孩子，要让孩子来帮忙 2.提供有限选择（让孩子来决定） 3.不要开战，也不要投降，从冲突中撤离，在双方平静后去解决问题 4.允许孩子做决定并从错误中学习 5.给予鼓励，让孩子参与做决定的过程

孩子的行为目的	家长的感受	家长的反应	孩子的回应	孩子行为背后的原因	孩子心底的信息	家长在其中的不良作用	家长可以怎么做
以牙还牙	受伤、失望、难以置信、憎恶	1.惩罚 2.心想你怎么能这样对我	反击；伤害他人；损坏物件；行为升级	1.我不明白，你怎么能在意那件事比爱我多 2.没有归属感 3.当我受到伤害时，我也要伤害别人 4.反正我没人疼，没人爱	1.我很受伤 2.请认同我的感受	因为我爱你，我想帮助你，所以没有了解你的想法，就直接给出我的意见	1.认同孩子受伤的感受 2.避免被伤害 3.避免责罚和报复 4.分享自己的感受 5.如果自己伤害了孩子，主动道歉，改正（父母要成为榜样）
自暴自弃	绝望、无望、无助	1.放弃 2.替孩子做	进一步退缩；消极；毫无改进	1.我要说服大家，不要对我抱有希望 2.我怎么都做不好，努力也没用	请教我从细小的步骤做起，让我找到成功的感觉	我希望你能达到我的要求	1.停止所有的批评 2.鼓励孩子的所有进步 3.表达对孩子能力的信任 4.关注孩子的优点 5.不要着急，不要放弃

总之，孩子所有行为背后的目的，可以归纳为四大类：第一，寻求关注和认可。第二，寻求权利。第三，以牙还牙。第四，自暴自弃。

第五方面：学习的底线。

我们要告诉家长："您带孩子听完体验课，可以选择报名或不报名。如果您打算再考虑一下，或者回去再商量，孩子可能会觉得学习并不是那么要紧的事情。您不如先给孩子交个定金，让孩子知道学习是非常重要的事情。就像第一次送孩子去幼儿园，不能因为孩子哭，就把他带回家，下次再去幼儿园，孩子又哭，该怎么办呢？所以，您就先报名，交个定金吧。"这背后的家庭教育咨询要点是：不要让孩子觉得学习不重要。

第三十一章

稳单法则

让家长尽快将定金补齐为全款，
让全款不退单的策略。

本章要给大家讲一个让家长尽快补齐全款、让全款不退单的方法，即稳单法则。我们从以下维度进行介绍。

第一个维度——产品介绍。稳单其实从家长来到学校咨询的那一刻就已经开始了，要让家长感受到我们的学校和其他学校是不一样的。

我曾经给大家举过一个例子。有一个家长来到一个早教机构参观，对各个方面都很满意，但是看到地上的被孩子扔得乱七八糟的书和玩具，心里就有一点不舒服了。咨询人员也看出了家长心里的担忧，于是立刻询问家长："您是不是看到书和玩具被扔得到处都是，心里有点不舒服啊？"家长回答："是啊老师，你们这个早教机构这么好，但卫生方面怎么会搞得这么乱呢？"在确认了家长心里的顾虑后，咨询人员告诉家长："如果您的孩子在这儿玩了一天，您来接他的时候，发现玩具摆放得工工整整，您会不会觉得孩子一天都没有玩玩具？其实，玩具就是要放在孩子随手能够拿到的地方。"家长感觉非常有道理，但依然不放心，于是又到了另外一家早教机构参观。这家早教机构，玩具放得工工整整，书也摆得整整齐齐。可他看了一眼孩子们的脸，感觉不到孩子们是快乐的。所以，最后他还是选择了第一家早教机构。

通过以上案例大家不难发现，稳单从你带着家长参观学校，为其介绍课程的时候就已经开始了。所以，要先进行产品介绍，不管学校的课程是美术课、舞蹈课、跆拳道课，还是传统的文化课，我们在介绍产品的时候一定要让家长看到"多项能力"。我们不光要告诉家长，通过课程会让孩子掌握哪些知识和技能，还要让家长觉得学校十分关注孩子的兴趣爱好。

学校在课堂中会采取互动讨论、动手操作、课件演示等形式，让孩子觉得学习比玩还有意思。"担心孩子无法坚持"是很多家长在报名时的犹豫点，他们怕钱花了、名报了，孩子却只是三分钟热度，上了两三节课就不学了。所以，我们在做课程介绍的时候一定要提前做好铺垫。我们可以告诉家长，我们的课程能培养孩子的"五力"，毅力、专注力、创造力、感恩力、幸福力，让孩子成为一个拥有健全人格的优秀人才；我们采用了哈佛案例教学法，可以更好地让孩子养成自主学习的习惯；我们会培养孩子的十大思维能力，如想象力、观察力等。最后一定要介绍学校专门为家长开设的课程（见表 31-1），这是一种高价值赠品。VIP 私教课每月一次，全年共计 12 次。让家长知道，在我们的学校，不光孩子可以有所成长，家长也可以有所收获。

表 31-1　学校专门为家长开设的课程

VIP 私教课（课程安排）					
课次	内容	家庭教育穿插要点	时长	费用	备注
1	冷餐姐妹趴	如何让孩子爱上阅读	120 分钟	380 元/人	学员家长免费
2	插花私教课	如何让孩子远离电子产品	90 分钟	380 元/人	学员家长免费
3	蛋糕烘焙课	如何让孩子懂得感恩	120 分钟	380 元/人	学员家长免费
4	美容美妆课	如何让孩子自信勇敢	90 分钟	380 元/人	学员家长免费
5	瑜伽健身课	如何对孩子进行性格培养	120 分钟	380 元/人	学员家长免费
6	父母演讲私教课	如何让孩子爱上演讲	120 分钟	380 元/人	学员家长免费
7	家庭养生私房课	如何让孩子自己起床	120 分钟	380 元/人	学员家长免费
8	亲子户外踏青	如何改善亲子关系	120 分钟	380 元/人	学员家长免费
9	书法体验私房课	如何培养孩子写作业的习惯	120 分钟	380 元/人	学员家长免费
10	公益义工活动	如何让孩子拥有奉献精神	180 分钟	380 元/人	学员家长免费
11	孩子营养餐搭配	如何让孩子不再挑食	120 分钟	380 元/人	学员家长免费
12	红酒品酒鉴赏	如何让孩子拥有领袖气质	90 分钟	380 元/人	学员家长免费

我们在介绍课程时，要通过多项能力的呈现，让家长能够看到课程给孩子成长带来的价值，这样就可以让家长更加坚定地付费，从而实现稳单。

第二个维度——亲子检测。这里给大家准备了一个通用的亲子检验测试题，见表 31-2。

表 31-2　亲子检验测试题

1. 你感觉自己的孩子叛逆吗？	是	有一点	否
2. 你觉得你和孩子的亲子关系如何？	融洽	一般	较差
3. 你觉得孩子属于什么性格？	外向	内向	不好说
4. 你觉得孩子是否有主见？	是	否	不好说
5. 你和爱人的教育理念一致吗？	一致	不一致	不好说
6. 你知道自己孩子最好的朋友是谁吗？	知道	不好说	不知道
7. 你的孩子是否痴迷电子产品？	是	不好说	否
8. 你的孩子对学习的兴趣如何？	9分	7分	6分
9. 你平时陪孩子写作业吗？	陪	偶尔陪	不陪
10. 你对孩子的未来有信心吗？	有	不好说	没有

通过检测，我们可以更好地了解孩子和家长的信息。当我们知道孩子很有主见的时候，如果让孩子对学校感兴趣，喜欢学校，那么就可以很好地稳单；如果孩子没有主见，什么都听父母的，那么我们也可以清楚地知道稳单着力点应该在家长身上。

每一道测试题背后都有稳单的技巧。例如，家长觉得孩子叛逆，我们就可以告诉家长，我们的老师都接受过专业的家庭教育培训，针对叛逆的孩子都有自己独特的方法。分析第六题，可以为我们后续的转介绍做铺垫。分析第七题，我们可以告诉家长：周末如果您没有时间陪伴孩子，那么给孩子选择一个懂孩子的学校，其实就是对孩子最好的帮助，也能让他远离电子产品。分析第八题，如果家长打 6 分，那么我们可以着重给家长介绍，我们的学校能够提升孩子的学习兴趣；如果家长打 9 分，那么我们就可以侧重跟家长沟通，让孩子将兴趣延续下去。

检测完毕，我们进行总结。

亲子关系如何？有无家庭教育的方法？

如果没有家庭教育的方法，就为家长提供 VIP 私教课，这就是稳单的一个特别好的切入点。

孩子的学习习惯如何？是否有学习的兴趣？

如果孩子缺乏学习兴趣，那么我们的兴趣课堂就有可能是打动家长的一个关键点。

孩子的性格如何？是否被父母掌控？

如果孩子有很强的自主性，可以为自己的学习做主，那么我们是不是只要让孩子喜欢上学校就可以了？

家长的教育理念及对孩子的期盼如何？

如果家长对孩子的未来非常有信心，那么家长很可能愿意为孩子投资。这是不是也是稳单的一个方向呢？

第三个维度——具体方法。大家记住一句话，缴费并不是终点，在孩子没有来上课前都要稳单。稳单方法就是，不断地强化和暗示。

接下来介绍七种强化和暗示的稳单小方法。

第一个小方法，报名就"上墙"。家长在给孩子报名后，学校立刻把孩子的照片贴上报名墙。现在用手机拍照非常方便，家长交完钱，学校就给孩子拍入学照，用彩色打印机将照片打印出来，贴上报名墙。这种仪式感会让孩子意识到自己已经是学校的学生了，是一种很强的心理暗示，有很好的稳单效果。

第二个小方法，报名就送礼。哪怕家长只交了 200 元定金，我们也要给家长赠送大礼包。家长如果要退费，就得把这个大礼包再还回来。在退还大礼包的过程中，如果大礼包被拆封或损坏，就会影响退费，其实这也是变相地增加了退费的难度。人们都怕麻烦，家长觉得退还大礼包比较麻烦，就会给孩子报名，进行续费。

第三个小方法，报名就建群。在报名之后，我们要立刻组建孩子的家庭群。什么是家庭群呢？例如，有个孩子叫浩南，我们就把他的爸爸、妈妈、爷爷、奶奶、姥姥、姥爷等，都拉到一个群里，这个群就是家庭群。家长给孩子报名之后，就要请家长配合我们建这么一个家庭群，我们要在群里发出第一条消息：恭喜浩南正式成为某某学校的学生！同时再在这个家庭群里，发送学校的一堂特别精彩的微课视频。让整个家族的人都知道浩南马上就要开始在我们的学校学习了，实现稳单。

第四个小方法，报名就发通知书。学校可以制作一个入学通知书，只要家长交了钱，我们就立刻把这个正式的入学通知书颁发给孩子，并且"拍照上墙"，同时将这些信息发到孩子的家庭群里。让孩子意识到他马上要来这里学习了，让孩子身边的亲人都知道他要来这里上课了。

第五个小方法，报名就发积分存折。很多学校都在使用积分进行学员管理。例如，孩子上课表现好就有积分，用积分可以兑换小礼物。在家长给孩子报名的时候，我们就可以将积分存折直接发给孩子，孩子从报名这一刻开始就有积分了。

第六个小方法，报名就发爱心卡。很多学校都有转介绍活动，我们可以做一张转介绍爱心卡，只要家长给学校成功做了转介绍，家长就能获得 500 元，被家长介绍来的那个人也可以获得 500 元。我们可以在家长交完钱之后，赠送给他三张转介绍爱心卡。如果他要退费，那么这个转介绍爱心卡也要退回。

第七个小方法，报名就送家长课程。家长给孩子报名之后，我们要立刻将专门为家长开设的 VIP 私教课的课程表发给他们。让家长了解学校每个月都为他们安排了什么有趣的课程，同时融入了哪些家庭教育的"干货"。我们还要跟家长特别说明，这个课对外是 380 元一人，全年 12 堂课共 4560 元。现在给孩子报名，VIP 私教课免费赠送。如果家长刚好需要了解与家庭教育相关的知识，是不是就可以刺激家长报名了呢？这样也就更好地进行了稳单。

第三十二章

月度会议

如何通过月度会议，增强团队凝聚力？

本章为大家介绍月度会议。作为校长，我们该如何利用月度会议来增强团队的凝聚力呢？我去过很多学校做落地指导，很多校长跟我反映，月度会议很多余。一开始，大家愿意参加会议，后来慢慢流于形式。这个月度会议到底要不要开？又该如何开呢？

首先，我们得先了解月度会议的价值。

月度会议有四大价值。第一，统一员工的价值观。所谓价值观其实就是员工做事的准则，为了提高团队的工作效率、减少内耗，让员工拥有共同的价值观就显得尤为重要。第二，表彰优秀员工。我们都知道，没有教不好的员工，只有不会教的校长。员工是需要鼓励的，需要通过表彰让他们有一种荣誉感，这种荣誉感会让他们更好地投入到接下来的工作中。第三，形成凝聚力。在月度会议上，我们可以通过月度 PK 或团队的士气展示等环节，增强团队凝聚力。第四，塑造校长魅力。在月度会议上，校长带着大家一起总结本月的工作得失，布局学校未来的发展战略和方向，让大家心里一直都能有所期望，让大家知道接下来的路该如何走。

举办月度会议，需要提前做哪些准备呢？

第一，布置会场。我们经常说"仪式大于形式"。天安门的国旗班，护旗手的服装和动作都是有严格要求的，每一步也是极其讲究的，在升旗仪式中，这些细节非常重要。我们的月度会议也一样，布置会场就是为了让员工有一种仪式感，横幅怎么挂，座位怎么安排，抽奖环节的大转盘和礼盒怎么放置，这些都需要提前准备好。

第二，准备礼物和聘书。要在月度会议上表彰优秀员工，优秀员工的礼物及相应的转正聘书、晋升聘书，我们需要提前准备好。

第三，准备PPT。要在PPT中展示会议主题、会议流程，让老师更清楚举办月度会议的目的，让他们更好地参与其中，同时也更方便老师拍照发朋友圈。要知道，发朋友圈对很多人而言其实是一种仪式感。

第四，确定主持人和音乐。良好的会议氛围是会议成功的必要因素，所以主持人和音乐必不可少。我们可以多准备一些音乐，例如，鼓掌的音乐、游戏的音乐、上场的音乐、颁奖的音乐等。我到现在都还记得朗培刚刚成立第一年的年会。朗培是2014年11月成立的，到2014年年底其实仅仅隔了不到两个月。当时我们的员工加股东一共只有11个人，办公室也很简陋。但就在这样艰苦的条件下，我们也举办了隆重的年会，甚至还排演了7个节目，这种仪式感让90后员工很兴奋。

第五，确定主题，挂横幅。月度会议必须有主题，例如，这个月的主题是续费，下个月的主题是服务，再下个月的主题是教学质量。每个月，我们都可以围绕一个小主题相应地塑造员工的价值感。主题确定了，我们就用横幅把它展示出来，既可以强化大家的认知，又可以增强会场的气氛。

第六，进行PK设计。要在会议中设置PK环节，可以是两个股东之间的PK，两个执行校长之间的PK，两个教学主管之间的PK，两个市场主管之间的PK，要将这种PK慢慢地延伸到全员。先让两个人 PK，再发展为两队 PK，最后实现全员 PK。在朗培，每个月都有 PK，无论基层员工还是管理层，都要进行 PK。

说完月度会议的前期准备，接下来我们就来介绍具体的操作细节。

第一，明确会议的目的。举办月度会议就是为了更好地凝聚团队、凝聚人心，提高员工的幸福指数和稳定性，统一员工的价值观，弘扬优秀员工的精神。

第二，确认召开时间。建议在每个月的月底或次月的八号以前召开月度会议。例如，这个月有三十天，月度会议我们就安排在下个月的一号或二号。具体的召开时间段，我建议最好是周二的上午或周三的上午 8 点至 11 点。因为对培训机构来说，周二和周三这两天相对清闲。具体的时间，各校区可以根据实际情况进行调整，让人事统筹安排好后统一通知大家。

第三，主持人要提前做好准备。主持人最好由各个校区的执行校长或部门主管轮流担任。为什么一定要让中高层来主持呢？因为他们更了解学校的文化和梦想。

第四，明确主题。每次月度会议都需要有明确的主题，例如，拥抱变化，用服务感动家长，拥抱正能量，家庭教育服务月等。我们可以在管理层的周例会上一起研讨月度会议的主题。学校当前哪个方面比较弱，就把主题定在哪一块。若学校的服务不好，就让主题聚焦服务；若团队状态不好，就把主题确定为拥抱正能量。我们定的每一个主题都要达到相应的管理目的。通过贯彻月度会议的主题，让员工知道学校现在需要在哪些方面做出改变。

第五，确定音乐DJ。大家可以多准备一些音乐，如欢快的音乐、有力量的音乐、有感染力的音乐等。我建议由每个分校的前台轮流当DJ。例如，本月由A校区的执行校长当主持人，那就由A校区的前台当DJ，因为他们在同一个校区，可以提前进行沟通、准备。

第六，确定场地。场地可以直接布置在校区内，如果有多个校区，则月度会议可以在各个校区轮流召开。在哪个校区召开，就由哪个校区布置会场。

第七，确定物料，布置会场。一定要准备主题横幅，如果有条件，那么我们还可以制作一个简单的可重复使用的小喷绘。我建议按校区或部门划分座位区域。

第八，准备奖品。要提前准备好奖牌、奖杯、证书、军令状、聘书、礼品、抽奖用的转盘等。

第九，设计具体流程。

7：55—8：00 主持人温馨提示（校长电话催促未到场的员工）。

8：00—8：10 主持人开场问好，各校长点名并代收手机。

8：10—8：20 集体诵读企业文化，相互拥抱（每人至少要拥抱15人，若人少，就需要全员进行拥抱）。

8：20—8：30 新聘员工上台亮相并做自我介绍。

8：30—8：40 为转正员工颁发聘书，转正员工逐一发言。

8：40—9：20 表彰优秀员工，优秀员工发言。

注意：包括但不限于邀约奖、续费奖、服务奖、业绩奖、教学奖、奉献奖、卫生奖、进步奖、新人奖、蜕变奖等；为优秀员工颁发奖牌或奖杯，为其赠送小礼物（30~50 元）；优秀员工一般由分校校长提名，由总经理确认。

9：20—9：40 董事长讲话。

欢迎新员工；鼓励老员工；恭喜得奖员工；对团队提出更大的期望。

9：40—10：10 团队士气展示。

10：10—10：20 休息 10 分钟。

10：20—11：10 各分校汇报工作。

介绍本分校上月的工作成果；介绍本分校上月的 3 个工作亮点；介绍本分校上月的 3 个问题及解决方案；介绍本分校下月工作计划。

11：10—11：40 各分校兑现军令状，签署下月军令状。

11：40—12：00 总经理围绕主题进行分享并做下月工作安排。

对上月工作中的 3 个亮点进行表扬；针对主题，提出 3 点具体要求；针对下月工作重点，做出 3 个主要安排；穿插文化、梦想、故事（感性）。

12：00—12：05 加油打气、拥抱。

最后特别强调一点，月度会议必须全员参加，不得请假。如果有特殊情况，须向总经理请假。

第三十三章

空巴会议

如何召开空巴会议，跟负能量说拜拜？

本章要跟大家分享一个我非常喜欢，也非常推崇的一种凝聚学校文化、清除团队负能量的方法——空巴会议。

我们先来看两个真实的案例。

案例一，深圳的一个美术机构的常校长跟我吐槽："我的学校成立很多年了，但仍然需要频繁招聘。我花了大力气培养新老师，给他们的待遇也不错，但新老师没干几个月就走得差不多了，留下一堆烂摊子。学校成立很多年了，规模还是无法扩大，我实在不明白，新老生怎么都想着辞职呢？"

案例二，江苏的一个英语机构的林校长跟我吐槽："我们学校每个月都有团建，但要么是人不齐，要么就是吃完饭后大家就散了。刚团建完不久，团队还挺和谐的，可是没过几天，团队就又恢复到原来懒散的样子了。"

你是不是也遇到过类似的情形？为什么员工无法与我们同心同德？为什么多次进行团建却无法真正凝聚团队？为什么学校的文化迟迟无法传递给员工？

其实答案只有一个，就是因为没有开空巴会议。

员工的执行力差，今天布置的工作明天就忘了；员工喜欢传播负能量，到处乱说话；员工工作懒散，每天大部分的时间都用于收快递。其实，这是因为我们没有统一员工的价值观，没有让员工真正和我们有相同的信仰。

《圣经》中有一个关于通天塔的故事。传说，远古时代，全球的人类都有着相同的肤色、相同的语言及相同的信仰，他们都信仰上帝，希望自己死后可以进入天堂。有一天，有一个人突然提出，我们为什么不能自己修一个通天塔，自己走到天堂呢？因为当时人们的语言、文化、信仰都是一样的，所以很快就达成了共识，大家开始着手修建通天塔。塔越修越高，眼看就要到天堂了。这时，上帝坐不住了，他想，如果人们成功修塔，可以随意进入天堂，那要上帝干什么呢？于是，上帝就想了一个办法，把全球的人类进行了区隔，区隔了肤色、国家、语言，最后区隔了人类的信仰。这样，通天塔的修建便停止了。

如果把修建通天塔这件事情比作开创学校的事业，为什么这个事业到现在还没有让我们满意呢？因为学校与员工的价值观不统一。如果学校没有属于自己的文化，那么自然而然就会形成"歪"文化。花园里不种花，就会长满杂草。只有让文化先行，才能够真正提升团队的凝聚力。只有先统一员工的价值观，才能让学校的"通天塔"修建成功。

很多人可能会觉得价值观这个东西很抽象，接下来我们不妨一起来看看好未来的价值观，好未来一直坚守三句话：

教不好学生等于偷钱和抢钱。

不是靠口碑招来的学生，我们不受尊敬。

跟客户不亲的学校，没有好的未来。

现在你也可以仔细想想，这么多年你的学校坚守了什么？你的员工知道学校在坚守什么吗？好未来始终坚守的三句话，就是其一路向前的灯塔。好未来的创始人张邦鑫说过，最好的商业模式就是价值观。如果你不知道该如何设置自己学校的价值观，不妨参照好未来的这三句话，找到自己学校的价值观。

找到了价值观，具体怎么落地呢？这里要跟大家分享的方法来自日本的稻盛和夫的空巴文化，也称"酒话会"，这是稻盛和夫统一企业与员工价值观的核心方法。

"酒话会"的重点不在于"酒"，而在于"话"，以说为主，就是让员工说出自己的想法，校长再去引导总结，凝聚团队力量。

我将具体的操作分为七个要点。

第一，全员参加是大前提。为了更好地引导全员参加，校长尽量不要占用员工的休息时间。把空巴会议当成工作的一部分，在工作时间进行。每次时间也不用太长，一个小时到一个半小时为宜。不用特意去餐馆、KTV，在办公场地用上课的桌子拼成一个圈，简单布置出一个会场就可以了。桌上放好我们提前准备的小零食、水果等，再放几瓶红酒、几瓶饮料。我们需要营造出一种轻松的氛围，让员工可以畅所欲言，把心里的话都说出来。

第二，确定主题是关键。每一次空巴会议必须有一个明确的主题。例如，校长想落地学校的股权激励方案，主题就可以是"你想通过三年成为学校的股东吗"，然后引导每个人说出自己的想法。最后，校长把学校的股权激励方案讲给大家听，让员工知道接下来具体该怎么做。再如，校长想要落地孝心工资机制，就可以在落地之前组织员工参与空巴会议。孝心工资机制就是每个月员工自己拿出 100 元，学校拿出 100 元，凑 200 元，将其当成发给员工的父母的工资。那这个空巴会议的主题就是"如何提升父母的生活品质"，然后让每个人畅所欲言，说出自己的想法。最后由校长总结孝心工资机制，相信每一个员工都愿意接受。

第三，确定座位表（桌长）和流程。每次的空巴会议，都要安排一个桌长，桌长的职责就是让每一个人都讲话。桌长需要引导大家按照顺时针或逆时针的顺序，围绕主题表达自己的想法，控制好节奏，让大家不要偏离主题。同时，还要提前确定流程，每一步做什么，谁先发言，如何发言，都需要提前设置好。例如，最近团队负能量比较多，我们就可以开展一次空巴会议，主题为"我最欣赏的员工"。由桌长主持："先从我的右手边这位老师开始发言，按照顺时针方向，大家轮流发言，每个发言的人至少要说出你欣赏的员工身上的三个优秀的特质。"在每个员工发言完毕后，由校长进行总结和提炼。

第四，人人围绕主题讲真话。如果员工不讲真话怎么办？那我们提前准备的红酒就可以派上用场了，红酒在这里主要起到让人讲真话的作用。

第五，每个人必须喝酒。建议最好用红酒，如果确实有人不能喝酒，也可以用饮料代替，关键是营造良好的氛围，让大家愿意在这种氛围下真实地表达自己。

第六，达成共识，凝聚人心。校长在最后一定要进行总结发言，总结发言要围绕本次主题提前准备好。

第七，空巴会议要与所有的管理工作有效结合。每一次空巴会议的背后就是一个我们想要达成的管理目的。正所谓"无空巴会议不决策"，用空巴会议来落地重大决策一定会事半功倍。

空巴会议既是一种简单、高效的管理手段，又是一个打造团队凝聚力的利器。简单七步，让你成为团队的管理高手！

第三十四章

母子关系

如何确定学校与各分校的从属关系？

这一章，我们要讲的是如何确定一个学校和各分校之间的从属
关系。

我们都知道，学校的裂变有三种关系：兄弟关系、母子关系、总
分关系，如图 34-1 所示。

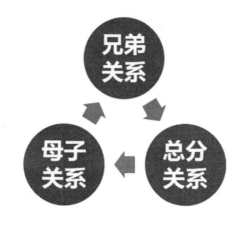

图 34-1　学校裂变的三种关系

兄弟关系是指，一个校长或几个合伙人先注册了 A 校区，然后
又以相同的名义分别注册了 B 校区、C 校区，那么 A、B、C 三个校
区的关系就是兄弟关系。我们可以理解为这个校长或这几个合伙人，
是这三个校区共同的"爹"。据我调研了解，现在大多数学校跟分校
之间的关系都是兄弟关系。

总分关系是指，一个校长或几个合伙人先成立一个总公司，然后
再以总公司的名义分别注册 A、B、C 三个校区，总公司作为这三个
校区的总部办事处。上面是一个总公司，下面的 A、B、C 校区都是
分公司，这就是总分关系。

母子关系是指，一个校长或几个合伙人先注册了 A 校区，然后在注册 B 校区的时候，其中大部分的股份（超过 51%）由 A 校区控股；在注册 C 校区的时候，依然由 A 校区进行控股；相当于 A 校区"生出"了 B 校区和 C 校区，那么 A 校区和 B 校区、C 校区之间的关系就是母子关系。

三种关系我们都清楚了，那学校裂变应该选择哪种关系呢？

在做选择之前，我们先来了解一下三种关系背后的不同经营逻辑及缴税问题。

先看兄弟关系，A、B、C 三个校区是相互独立的，虽然都有一个共同的投资方，但是三者之间是没有任何业务关联的。A、B、C 三个校区都是完全独立的个体，所以在经营过程中，各自承担各自的责任，各自缴纳各自的税费。

接着我们看母子关系，因为 A 校区分别占有 B、C 两个校区超过 51% 的股份，B、C 校区就相当于 A 校区的子公司。同样 A、B、C 三个校区都是分别具有独立的法人资格的实体，因此，虽然 A 校区控股了 B、C 校区，但在经营过程中，各校区各自承担各自的责任，各自缴纳各自的税费。

最后是总分关系，在这种关系里，分校区拿着总公司的管理营业执照进行工商注册，完全受控于总公司，没有独立的经营管理权。在经营过程中，各分校区的责任都由总公司承担，税费也由总公司汇总后一起缴纳。

我们了解了三种关系背后相应的逻辑，接下来仔细分析一下到底哪种关系更适合学校的裂变。

如果学校是兄弟关系，A 校区是用我们自己的资金建立起来的，那么成立 B 校区的时候，钱又是从哪里来的呢？是不是用的 A 校区赚的钱？想用 A 校区赚的钱来投资 B 校区，就要好好算一笔账了。在 A 校区赚钱以后，首先就要缴纳企业所得税，之后投资人要用 A 校区的分红去投资 B 校区，分红的时候投资人需要缴纳分红所得税。企业所得税和分红所得税加在一起占 45%。打个比方，如果 A 校区今年赚了 100 万元，则至少要先缴纳 45% 的税费，也就是减去 45 万元以后，剩下的 55 万元才能够用于投资新校区。

相信大家也能看出来，兄弟关系所带来的高额税费，会让学校裂变的成本变得非常高，所以并不是最佳的选择。

如果学校是总分关系，本质上总公司和分校区就是一个整体，税费都是由总公司汇总之后统一缴纳的。那么问题又来了，因为按照国家规定，如果营业额超过 500 万元，则公司就是一般纳税人，纳税税率就是 6%。如果营业额低于 500 万元，则可以申请变为小规模纳税人，纳税税率就是 3%。

据我了解，很多学校单校区的营业额可能是低于 500 万元的，但是如果几个校区加在一起，那么很容易就超过 500 万元了。所以，如果学校是总分关系，一旦总的营业额超过 500 万元，则需要多缴纳 3% 的税，也不划算。

最后我们来说说母子关系。在母子关系下，母公司、子公司各自独立，各自承担各自的责任，各自缴纳各自的税费。A 校区投资了 B 校区，B 校区赚钱之后再把资金回笼到 A 校区，A 校区再去投资 C 校区。因为校区之间都是公对公进行转账的，这相当于只是 A 校区的投资行为，不存在个人分红，这样就不用缴纳分红所得税了。另外，因为每个校区各自承担各自的税费，所以完全可以把营业额控制在 500 万元以内，各校区可以直接申请变为小规模纳税人，这样缴纳的税就更少了。

通过以上分析我们发现，其实母子关系最适合学校裂变。为了便于大家理解，我再举个详细的例子，让大家更清楚母子关系的裂变到底该怎么操作。

首先，原始股东应该先成立一家教育投资管理有限公司，之后要开新校区，直接用这个教育投资管理有限公司投资控股，让这个教育投资管理有限公司成为这个校区最大的股东。而这个新校区的法人，可以是执行校长或我们信得过的得力干将，他们既可以投资，占少量股份，又可以不占股，只当法人。我们只要保证这个校区最大的股东是教育投资管理有限公司即可。

运用同样的模式，我们还可以继续孵化出 B 校区、C 校区、D 校区等。

至于母公司，可以设置招生部、品宣部、财务部、人事部、教研部等职能部门，专门为下设的 A、B、C、D、E、F 等子校区提供服务，当然提供服务也是要收费的。

举个例子，A 校区需要总部提供人事支持，总部每帮它招聘到一个合格的员工，A 校区就需要与总部结算招聘费用。例如，按员工一个月的底薪来结算费用，总部帮 A 校区招到了一个底薪为 3000 元的老师，A 校区就要给总部 3000 元的招聘服务费。

这样，总部和各子校区之间都是相互关联的，总部为各子校区提供服务，各子校区对总部提供的服务进行内部的费用核算。这样，整个学校的组织架构，总部和各子校区之间的从属关系也就变得更加清晰了。

最后还有一点要特别说明一下，如果各个子校区的执行校长想要获得学校的股份，那么他获得的只是这个子校区的股份，跟总部没有关系。具体来说，在年底分红的时候，在该子校区跟总部进行所有服务费用的结算之后，剩余的那部分才能用来分红。

第三十五章

成本法则

如何利用成本杠杆，实现利润 100%翻倍？

本章要和大家介绍成本法则，即如何利用成本杠杆，实现学校利润 100%翻倍。首先我们来看这样一句话："成本是老板的大后方，成本是唯一掌握在自己手里的武器，命运掌握在自己手里，最重要的就是成本。"

学校的业绩会受到团队的影响、市场竞争的影响、客户的影响，但是成本真正掌握在自己手里。

图 35-1 是让利润增加一倍的三种方案。

让利润增加一倍的三种方案				
项目	现状	方案一	方案二	方案三
收入	10	11	10	20
成本	9	9	8	18
利润	1	2	2	2

图 35-1　让利润增加一倍的三种方案

例如，一家学校的现状是，收入是 10，成本是 9，利润是 1，要想让利润增加一倍，有三种方案：第一种方案是，增加营收，让收入从 10 变成 11，成本不变，利润变成了 2；第二种方案是，收入不变，依然是 10，但成本变成 8，这时利润变成 2；第三种方案是，收入翻倍，成本也翻倍，收入变为 20，成本变为 18，这样利润就是 2。

在这三种方案中，第三种方案是最难的。要想让收入翻倍，采用第二种方案相对容易，因为即使业绩没有变化，只要控制成本，利润照样可以翻倍。学校的成本往往分为以下几种：第一种叫作人力成本；

第二种叫作招生成本；第三种叫作运营成本；第四种叫作财务成本。

人力成本包含员工底薪、提成、福利、内部培训、保险等成本。人力成本应该控制在学校总营收的 37%~45%。如果低于 37%，则说明给员工的福利不足，薪酬太低；如果超过 45%，则说明营收低了或给员工的工资太多，这时利润往往会被压缩。

招生成本包含宣传、包装、折扣、礼品、应酬等成本。招生成本应该控制在总营收的 5%~8%。如果低于 5%，那么就要考虑所买的礼品是不是不够上档次，或者宣传是不是做得不够；如果高于 8%，那么就要考虑是不是花费过多，是不是能够节省一部分费用。

运营成本包含校区租金、水费、电费、办公用品、装修折旧、教研教务、会议接待等成本。运营成本应该控制在总营收的 12%~18%。如果低于 12%，则需要考虑是不是学校的规模太小，或者学校已经饱和，需要扩建；如果超过 18%，则需要考虑学校面积是否太大，是否造成了太多浪费。

经营企业、经营学校本质上是一场"数字游戏"，业绩、转介绍、房租、教学质量、老师质量等成本背后都是数字，校长要关注这其中的逻辑关系。人力成本、招生成本、运营成本是需要重点关注的方面，下面我们进行详细介绍。

第一，人力成本。优化人力成本，首先要提升人效，人效就是用年营业额除以员工总人数。例如，学校今年通过 10 个员工获得 100 万元的营业额，人效就是 10 万元，人效越高，利润就越高。其次，优化组织。很多学校面积不大，员工也不多，但层级很多，如董事长、总经理、总监、经理、经理助理、主管。层级过多，组织庞大，会让人力成本虚高，需要进行组织优化。最后，优化考核模式。必须考核员工，没有考核，人效就会很低，人效低，人力成本自然高，导致利润减少。

这里有三种具体的优化方法。

第一种方法，一专多能。例如，学校原来只开设数学课，就不要再加上英语课，因为数学老师教不了英语，增加学科，就需要再招聘新员工，成本会增加。反过来思考，我们完全可以开设数学思维课，因为原来教数学课的老师，可以教数学思维课。原来学校开设跆拳道课，现在可以加一个武术课，原来教跆拳道课的老师有一定的武术功底，实现一专多能。这样，不仅可以让每一个员工的工作量更饱和，还可以提升人效。第二种方法，阿米巴组织裂变，去层级化。要精简组织，庞大的组织会使管理成本增加，同时人力成本也会增加。第三种方法，无增长，不考核。要找到利润增长点，对员工进行考核，让员工通过绩效考核，最终提升人效。

第二，招生成本。学校不是要控制招生成本，而是要控制招生成本率，招生成本除以业绩的这个比例越低越好。但招生成本越高越好，因为它和业绩成正比，没有投入招生成本，业绩就不会增长。

要想降低这个比率，这里有三种具体的优化策略。

第一种策略，提升转化率，减少退费。很多学校进行招生，一个月 4 次课, 学费共 99 元; 两个月 6 次课, 学费共 199 元。这样周期太长, 家长还经常来蹭课, 无法很好地进行招生。我们不妨把这种一个月 4 次课的 99 元的低价引流课, 换成一天一夜的密训营, 不仅缩短了招生周期, 降低了招生成本, 还增加了成交基数。

第二种策略, 对冲宣传成本。把学校的奖品柜换成抓娃娃机, 孩子上课表现好可以获得积分, 积分能换成抓娃娃币, 孩子会很高兴。学校的游乐区可以收费, 如 10 元一小时, 孩子可以随便玩。利用这些方式, 对冲宣传成本。

第三种策略, 优化提成模式。例如, 员工的工资是 2000 元, 提成为工资的 50%, 也就是 1000 元; 如果把提成变为工资的 100%, 即提成是 2000 元, 则员工的工作动力就更强; 如果把提成变为工资的 200%, 则员工就会更受激励。

第三, 运营成本。提高效率, 降低运营成本, 有三个策略: 第一个策略, 减少房租。房租高其实对学校的影响非常大, 哪怕学校的地理位置再好, 但是房租高, 会导致固定成本非常高。我们不一定非要去租面积大的场地, 可以减少面积, 提高教室的利用率。第二个策略, 增强服务部门的效能。第三个策略, 导入预算机制。

本章重点介绍了利用成本法则, 让利润翻倍的方法。例如, 减员增效, 实现一专多能; 寻找利润增长点, 对员工进行考核; 对冲宣传成本; 优化提成模式等, 这些都是可以落地的方法。各位校长请记住, 利用成本法则不一定能让学校做得更大, 但是一定可以让学校活得更久。

第三十六章

增利思维

如何利用家庭教育，使单校区增收百万元？

本章为大家介绍增利思维，利用家庭教育，可以使单校区增收百万元。

商业竞争，就是产品设计的竞争。校长需要拥有产品增利思维，让自己和别人不一样。其实，家庭教育不是赠品，而是盈利品。现在，学校周围有很多竞争对手，因为大家的产品差不多，客户差不多，没有实现差异化。比对手更好不容易，但与对手不同却很容易。第一就是唯一，不一样就是差异化，所以我们得让自己的学校和别的学校不一样。很多校长已经明白了家庭教育的重要性，但要想利用家庭教育让我们和别人不一样，这就涉及增利思维。

我们的学校需要成为半径 3.5 公里内家庭教育顾问式服务的第一品牌，嵌入家庭教育顾问式服务系统，帮助我们解决系统化问题。例如，学校可以覆盖半径 3.5 公里内的所有社区、写字楼，吸引家长关注我们的学校，让他们愿意主动上门来咨询家庭教育问题。当然，我们还可以通过家庭教育积攒口碑，让我们的教育理念家喻户晓，增强传播力。

我们的引流工具也要发生改变。大多数学校发的是宣传自己学校的 DM 单，此时我们的定位是半径 3.5 公里内家庭教育顾问式服务的第一品牌，因此要派发《家庭教育指导手册》。对于各种各样的家庭教育的问题，家长都可以在《家庭教育指导手册》里找到相应的答案。在社区或学校门口等人流密集的地方发放《家庭教育指导手册》，会引起广泛传播，具体有以下几个关键点。

第一，弱化学校的课程介绍，消除家长的戒备心理。

第二，凸显学校的特色——家庭教育测评、公益指导。

第三，利用家庭教育作为突破口，大力宣传，"吸粉"、收集资料。

第四，通过家庭教育的宣传，推出少年领袖周末一日蜕变营。

第五，利用后续课程（学校标准课、父母能动营、孩子能动营等）找到利润增长点。

图 36-1 是一个家庭教育增利系统，最上边是家庭教育测试与解析，最下边是家庭教育工坊。

家族教育增利系统——年增百万元落地第一步：产品体系的搭建

家庭教育测试与解析	微信裂变，公益推广
线下家庭教育讲座	家庭教育共创，公益推广
高效能父母训练营	落地卡，增值服务（100元/人）——线上
少年领袖成长动力营	1.28万元——线下
少年领袖周末一日蜕变营	每月2期，每期25人（仅收餐费）
家庭教育工作坊	公益推广，引流

图 36-1　家庭教育增利系统

学校可以免费去做这些活动，进行裂变、推广。每周四、每周五的下午五点到七点，家长如果有教育孩子方面的问题，都可以到学校找校长咨询，这种咨询都是公益性质的。

少年领袖周末一日蜕变营，针对的是学校周边社区的孩子。少年领袖周末一日蜕变营每月 2 期，每期 25 人，只收 50 元的餐费，让孩子远离电子产品，学会感恩、合作，改掉坏脾气。

通过上述形式，让学校成为半径 3.5 公里内家庭教育顾问式服务的第一品牌。家庭教育其实完全是一个增利产品。既然是产品就要有引流设计，全面提高孩子的合作力、学习力、自信力、表现力等。

在课程中，老师带着孩子，真正让孩子远离电子产品，懂得感恩。等到晚上家长来接孩子的时候，家长会发现孩子在学校学习一天，变化非常大。我们可以让孩子给自己的爸爸妈妈写一封信，读给爸爸妈妈听，家长听完之后，热泪盈眶，这时再促成课程成交。我们完全可以赠送家长高效能父母训练营，在线上进行，校长在训练营为家长讲课，每隔三天讲一次，一年约一百节课。我们还可以设计自己学校的基础父母进阶课、优秀父母进阶课、卓越父母进阶课等。

家长只要给孩子报名，我们就赠送家长这样的课程，通过线上线下进行连接。我们还可以推出高端的家庭教育产品，例如，精英父母成长集训营，两天一夜，只收取 200 元的场地费。我们还可以推出智慧父母成长动力营、精英少年能动营等，很多家长都喜欢这种上课模式。

这样，我们就搭建了一个家庭教育增利系统。假设少年领袖周末一日蜕变营每月 2 期，每期 25 人，一年有 600 人来参加活动。如果转化率为 35%，那么就会有 210 人成为学校的正式学生。只要家长为孩子报名，我们就赠送家长一年的线上课，所以报名率也有所保证。

家庭教育是一个非常好的产品，我们可以利用其设计自己的盈利方式。针对家庭教育，校长可以仔细研究，关注家庭教育增利系统，让孩子参与线下课程的学习，同时绑定家长，更好地进行营销。

图书在版编目（CIP）数据

职业化校长 36 法则 / 刘春晖著. —北京：电子工业出版社，2021.5

ISBN 978-7-121-41062-8

Ⅰ．①职…　Ⅱ．①刘…　Ⅲ．①校长－民办学校－学校管理　Ⅳ．①G512.74

中国版本图书馆 CIP 数据核字（2021）第 073914 号

责任编辑：黄　菲　　　　　文字编辑：刘　甜
印　　刷：三河市鑫金马印装有限公司
装　　订：三河市鑫金马印装有限公司
出版发行：电子工业出版社
　　　　　北京市海淀区万寿路 173 信箱　　邮编：100036
开　　本：720×1 000　1/16　印张：14.5　字数：173 千字
版　　次：2021 年 5 月第 1 版
印　　次：2021 年 5 月第 2 次印刷
定　　价：79.00 元

凡所购买电子工业出版社图书有缺损问题，请向购买书店调换。若书店售缺，请与本社发行部联系，联系及邮购电话：（010）88254888，88258888。

质量投诉请发邮件至 zlts@phei.com.cn，盗版侵权举报请发邮件至 dbqq@phei.com.cn。

本书咨询联系方式：1024004410（QQ）。